EL AMOR ES EL CAMINO
HACIA EL PERDÓN

El libro dedicado a esas personas que apuestan por su felicidad como una vida mejor.

EL AMOR ES EL CAMINO HACIA EL PERDÓN

ISABEL AZNAR
PRÓLOGO: NEKANE GONZÁLEZ

Nota a los lectores: Esta publicación contiene las opiniones e ideas de su autor. Su intención es ofrecer material útil e informativo sobre el tema tratado. Las estrategias señaladas en este libro pueden no ser apropiadas para todos los individuos y no se garantiza que produzca ningún resultado en particular. Este libro se vende bajo el supuesto de que ni el autor, ni el editor, ni la imprenta se dedican a prestar asesoría o servicios profesionales legales, financieros, de contaduría, psicológica u otros. El lector deberá consultar a un profesional capacitado antes de adoptar las sugerencias de este libro o sacar conclusiones de él. No se da ninguna garantía respecto a la precisión o integridad de la información o referencias incluidas aquí y tanto el autor como el editor y la imprenta y todas las partes implicadas en el diseño de portada y distribución, niegan específicamente cualquier responsabilidad por obligaciones, pérdidas o riesgos, personales o de otro tipo, en que se incurra como consecuencia, directa o indirecta, del uso y aplicación de cualquier contenido del libro.

El amor es el camino hacia el perdón.

Primera Edición: Agosto 2019.

Ilustraciones: Silvia Bezos.

Prólogo: Nekane González.

Introducción: Susana Ollero

Autoedición y Diseño: © Isabel Aznar 2018.

M--001579/218

ISBN: 978-84-09-02562-6

www.isabelaznar.com isabelaznar888@gmail.com

www.isabelaznar.com/cursos

La publicación de esta obra puede estar sujeta a futuras correcciones y ampliaciones por parte del autor, así como son de su responsabilidad las opiniones que en ella se exponen. Quedan prohibidas, dentro de los límites establecidos por la ley y bajo las prevenciones legalmente previstas, la reproducción total o parcial de esta obra por cualquier medio o procedimiento, ya sea electrónico o mecánico, el tratamiento informático, el alquiler o cualquier forma de cesión de la obra sin autorización escrita de los titulares del copyright.

Otras Obras de Isabel Aznar.

Trilogía Maribélula:

- Maribélula Volumen 1.

- Mandálula Volumen 2.

- Sueñalula Volumen 3.

Si quieres olvidar aquella experiencia que tanto te dolió, te ofrezco nuevas herramientas.

Con las terapias alternativas, daremos con el conflicto en si. Liberaremos la mente de pensamientos nocivos. Cambiamos tu estilo de vida.

Si quieres dar un paso más allá, te ofrezco la formación para que puedas utilizarla en tu día a día.

Terapias alternativas:

Sanación Psicoenergética.

Formaciones:

- Rompe tus creencias limitantes.

- Crea tu nuevo estilo de vida.

Puedes encontrar más información en:

*Dedicado a mis padres.
Gracias a vosotros, hoy estamos aquí.
Gracias por enseñarme a ser
cada día más fuerte.
A mi hermano.
Por ser compañero en la incertidumbre,
pese a las circunstancias.*

ÍNDICE

Prólogo. 13
Prefacio: 17
Introducción del motivo: 21
OBJETIVO de este libro. 25
Paso UNO: Lista de cosas negativas.
Antes de construir, hay que destruir 53
Paso DOS: Listas de cosas positivas.
La esperanza es la luz que alumbra tu camino. 67
Paso TRES: Para caminar sin tropezar,
tiene que haber limpieza y orden 77
Paso CUATRO: Perdónate y
perdona a los demás. 89
Paso CINCO: Crea esperanza 109
Paso SEIS: El amor está en el interior,
no en el exterior 117
Paso SIETE: Nada llega a tu vida
por casualidad, sino por causalidad 125
Paso OCHO: Atraemos todo lo que pensamos 133

Paso NUEVE: Los cambios llegan
cuando estás preparado **137**

Paso DIEZ: Cuando ves las situaciones
positivas, proyectas amor 147

Paso ONCE: Dar y Recibir Amor 157

Paso DOCE: Si lo ves, lo tienes 171

Paso TRECE: Recibes lo que ofreces **191**

Paso CATORCE: Estamos para vivir
siendo libre, ¡HAZLO! 199

Agradecimientos 223

PRÓLOGO

Entre todos los días marcados en el calendario, existe uno que debería ser especialmente señalado y celebrado: el día en que te abrazas fuerte los pedazos, te eliges y sigues hacia adelante.

Y es que caer o romperse por dentro, además de inevitable, es algo que sucede para mostrarnos una parte desconocida de nosotros. Y por qué no, la más sorprendente, auténtica y luminosa. Porque nadie es la misma persona tras romperse, y se pueden ver las situaciones con los ojos llenos de aprendizajes y coserse las heridas con el hilo del perdón. No sin antes, dejar que el tiempo se pose sobre ellas con su magnífico poder de cicatrización, porque, como si de un mapa se tratase, nos recordarán los caminos que hemos recorrido y los tropiezos que hemos salvado.

Tienes en tus manos una oportunidad: la de vaciar tu mochila de cargas y caminar liviano por la vida. Una oportunidad para dedicarte tiempo, poner las situaciones que te impiden avanzar en perspectiva, mirarte por dentro, bajar el volumen interno, escucharte, poner orden a tus pensamientos y empezar la verdadera transformación personal: la que surge de dentro hacia fuera.

Este libro te acompañará en cada paso que des, regalándote la confianza necesaria para avanzar, abrazando los miedos que surgen ante cualquier cambio. A lo largo de estas páginas, además, encontrarás caricias emocionales en forma de palabras y la calma precisa, en el momento oportuno, cuando creas que tu interior está desordenado. Cada capítulo se abre ante ti para recordarte que siempre, siempre, se encuentran las fuerzas para salir adelante. Este libro en definitiva, es ese, "Lo estás haciendo bien", que todos en algún momento de nuestra vida necesitamos escuchar.

Esta obra es un regalo, donde la mayor enseñanza nace de entrelazar la esencia de dos palabras: amor y perdón. Y es que el uno da sentido al otro, dando lugar a un inseparable binomio vital del que surge el equilibrio, la paz y la felicidad. Porque el amor es el camino del perdón, así como el perdón es camino hacia el amor.

Existen días y días. Pero por encima de todo, y de todos, existe un día muy importante en la vida de una persona, y viene marcado por algo tan importante como necesario: el día en que, conscientemente, eliges vivir. "Vivir". Con todo lo que significa, conlleva y supone.

Porque vivir es algo más que estar vivo. Es en esencia, una de las decisiones más profundas y sinceras que una persona hace, cara a cara, con la vida.

El compromiso de elegirse, y hacer que cada día cuente y sume.

Nekane González

Formadora en Educación emocional y coautora del libro
'Cuentos para crecer por dentro'
@caricias_emocionales

PREFACIO:

Susana Ollero.
Periodista y fundadora de la Fundación Me Importas.

Fue algo emocionante que Isabel me propusiera escribir unas líneas para su primer libro, pero… ¡más aún ha sido leerlo! Conozco a Isabel desde hace varios años, y desde el primer momento, supe que era una persona especial: por cómo mira, por cómo escucha, por sus ganas de ayudar, y sobre todo, por sus ganas de crecer. Después nuestros caminos se separaron y hace casi dos años nos volvimos a reencontrar.

Isabel estaba formándose para ayudar, emocional y energéticamente, a los demás. Justo cuando yo estaba sacando adelante 'Fundación Me Importas', una ONG para ayudar a las personas sin hogar y jóvenes en riesgo de exclusión. Y así es como nuestros pasos se volvieron a encontrar. Y de nuevo volví a ver en los ojos de Isabel esa luz tan especial.

Sabía que había pasado una mala racha, sin embargo, nada lo indicaba: su mirada, su forma de comunicar, sus gestos… ¡hasta su piel! ¡Todo encajaba en un orden perfecto en ella! Y entonces me lo contó: "quiero ser escritora. Siempre lo he querido ser y voy a apostar por ello'.

La seguridad con la que Isabel siempre transmite lo que quiere decir, me avanzó que, como siempre, lo conseguiría. Porque si hay algo que diferencia a Isabel del resto de las personas, es que cuando se propone algo, lo consigue. Y aquí está su primer hijo hecho libro, que me ha encantado leer y releer, una y otra vez. Y sé que ayudará a muchas personas que estén buscando mejorar su vida y encontrar la plenitud. Porque de eso se trata: de cambiar lo que no nos gusta y de hacernos la vida más placentera.

Y para ello hay que trabajar. Algo que nadie nos dijo nunca cuando éramos pequeños o adolescentes, o incluso cuando nos iniciamos en la madurez: "se puede cambiar, pero para hacerlo hay que esforzarse".

Estamos acostumbrados a conseguir todo de forma rápida. Nuestro consumo es rápido, la forma de ver la televisión, comer, vivir… es rápida. Y por ende, queremos resultados rápidos. Al igual que nos lo venden en televisión: "adelgazarás en 7 días… consigue una mejor cabellera con dos lavados…, haz 10 nuevos amigos a golpe de click…, recorre medio mundo en una semana…".

Y así también, pensamos que si algo no nos gusta de nosotros mismos, lo podremos cambiar como se cambia una rueda de nuestro coche. Pero la realidad es otra: primero, cuesta bastante ser conscientes de lo que no nos funciona en nuestra vida, y después, viene la parte más importante: luchar para transformar.

Y este libro es una de esas herramientas que sirven para ello. Para descubrir, comprometerse y transformar. Ese ha sido mi camino de los últimos seis años. Comencé a ser consciente de lo que no me gustaba en mi vida y de mí.

Todo gracias a un curso que hice de inteligencia emocional y respiración; después han venido más cursos, más experiencias y más crecimiento, acompañado de mucho esfuerzo, trabajo y constancia. Hasta el punto en el que me encuentro hoy en día, y en el que Isabel, me ha puesto en las manos su primer libro que me está haciendo crecer aún más y seguir limando. Porque como dice ella, nada es casualidad,

¡Gracias amiga!

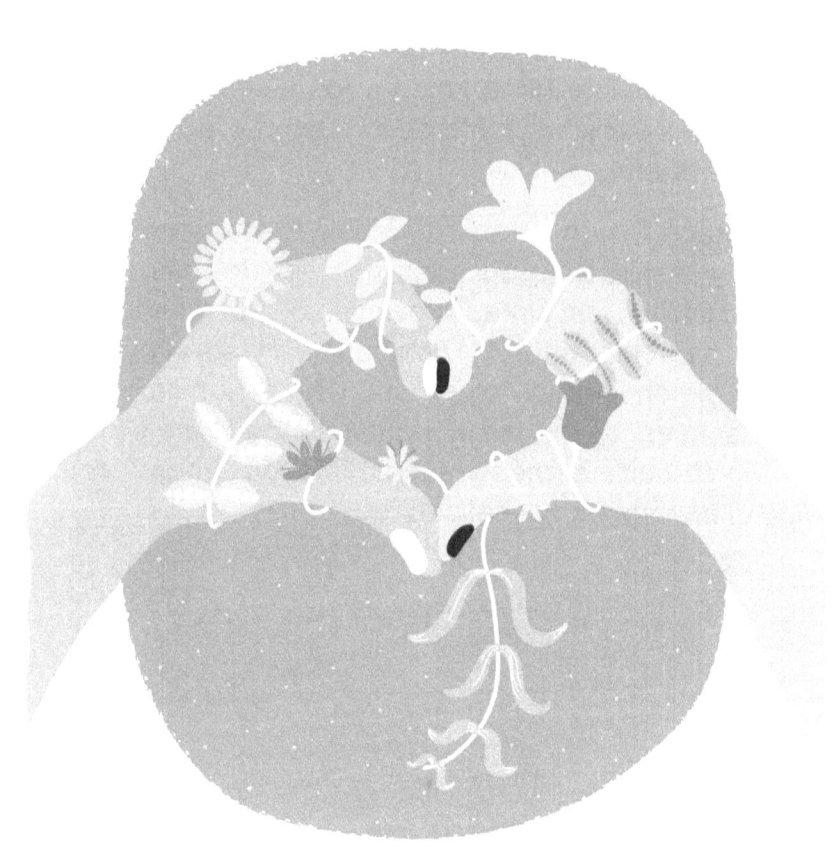

Introducción del motivo:

Maquilladora de Esperanzas:
Por Isabel Aznar

Había dejado de trabajar como Maquilladora en la televisión donde siempre estuve. Decidí mudarme a Londres con la esperanza de encontrar nuevos resultados. Meses después, volví a Madrid con una solución.

La adaptación de un nuevo concepto, muy beneficioso, a largo plazo. Aunque difícil de aceptar en el momento presente. Quiero "cambiar mi vida"- pensé.

En este proceso entendí que los ideales de la mente, tienen que ver con la estructura de la vida que obtenemos.

Volver a empezar suena muy difícil, cuando nos introducimos en tener que modificar todo lo que ya tenemos. Con todo ello, la destrucción de nuestras ideas, de una estructura vieja, para adaptar un concepto nuevo. Este cambia nuestro rumbo.

Este libro surgió de las enseñanzas y prácticas que aprendí en mi proceso de sanación.

Un cuaderno de notas me acompañó durante todo el proceso, en el que apuntaba los cambios que estaba experimentando.

Menciono la práctica de Reiki, como medio de sanación mediante imposición de manos. Con el tiempo, pude comprobar que hay muchas formas terapéuticas, para lograr romper las creencias limitantes.

Toda persona queda en su derecho, por elección propia, a incluir estas enseñanzas en su vida, para su propio bienestar. O, por el contrario, desecharlas, aunque no se excluirá de éstas.

Mi maestra de Reiki, me enseñó a averiguar en lo más profundo de mí; mi real esencia de la vida. Me hizo recordar quién un día fui, no para quedarme con la persona e identidad que adopté, sino para modificar las etiquetas que no me pertenecían.

En mi proceso de aprendizaje, Sara, fue mi primera alumna con quién pude experimentar resultados asombrosos. Se ofreció a exponer su experiencia en este libro, como medida de ayuda, para aquellas personas que quieran auto-descubrirse.

Ambas hemos aprendido que solo hay una fuerza superior que mueve el mundo. Esa fuerza es la que a todos nos pertenece y es la que une a las personas. Para disfrutarla. Antes debemos descubrir*nos*.

Las minideas son ejercicios que se comparten en este libro. Han sido practicados por varias personas, quienes han experimentado unos cambios asombrosos en sus vidas.

Por favor, presta atención a estas experiencias, lee e intenta entender el significado de la frase. Interpreta la sensación que te transmite. Viaja por la profunda sabiduría del saber interno.

Solo ahí hallarás los resultados. Aquellos que te harán recordar *quién eres.*

Antes de empezar, recuerda que "El amor es el camino hacia el perdón" es un libro que se adapta a tu experiencia. Aplica la lectura a tu vida, a la experiencia que tu quieras personas. Sara te ayudará a guiarte. Aunque recuerda: **Lo importante aquí *eres tú.***

OBJETIVO de este libro.

¿Cuántas veces te has visto en la ocasión de querer cambiar tu vida?

¿Has intentado alguna vez conseguir algo y tus esfuerzos fueron nulos?

¿Fuiste de esas personas que decidiste conformarte sin intentarlo?

En la mayoría de las ocasiones, pese a las circunstancias, nos sentimos obligados a permanecer en el estado de letargo, conformándonos. Damos por hecho que, nuestra vida seguirá avanzando como ha hecho siempre.

Si la vida se pudiera estructurar de la forma deseada y quisieras poder obtener tus sueños, dejaríamos a un lado la frase: "no puedo", y la sustituiríamos por: "PUEDO. Estoy preparado. Lo hago".

Así todo se volvería diferente.

Estamos acostumbrados a llevar una vida monótona y conformarnos con ello. En realidad, la vida ofrece diferentes etapas que surgen en el día a día.

Lo que hoy está bien, mañana habrá cambiado. Lo que nunca te planteaste que pasaría, habrá pasado.

¿Cuántas veces nos han etiquetado con frases que nos marcan la vida?

¿Te ha pasado alguna vez?

En en primer libro que publiqué, se llama Maribélula. Cuento cómo fui cambiando mi estructura mental y cómo obtuve los resultados para tener confianza en mi misma de nuevo.

Dejar el pasado atrás, cuando una experiencia inesperada te sorprende. Te deja a la deriva de todo tipo de suceso.

Tengo una buena noticia para ti: ha llegado el momento de mostrarnos cómo realmente somos.

¿Recuerdas aquella palabra que denominábamos "cómo nos sentimos"? Que mejor manera, que utilizarla con nosotros mismos, desde dentro hacía afuera.

Muchas veces, nos hemos visto afectados por esas etiquetas que no nos corresponden. Finalmente, ha llegado el momento de destruirlas.

En Maribélula aprendimos cómo funciona la mente, cómo funciona el cuerpo y su energía.

(puedes encontrar información en www.maribelula.com)

Averiguamos que somos seres multidimensionales y podemos mantener el contacto con nuestra Alma. Se comunica con nosotros en todo momento, aunque muchas veces no la percibamos.

De este modo:

¡Logramos cambiar nuestros pensamientos!

Entender cómo funciona la parte externa, que creíamos que no podíamos controlar, y finalmente, ¡hemos logrado cambiarla!

Entendimos los ciclos. Cómo responde el tiempo a la gran verdad que nos hace libres.

Para llegar a ello, debemos tener una buena gestión emocional; esa palabra que te comentaba unos párrafos más arriba.

La llamamos "disección" emocional para entender: ¿qué nos decimos?

Con los datos científicos pudimos entender el motivo de nuestra existencia.

Los tipos de relaciones nos enseñan que debemos sanarnos para sentir una vibración única, que corresponde a: YO SOY AMOR INCONDICIONAL.

El recuerdo nos guía hacia el poder de la intuición: recibir nuestras primeras sincronías, descifrarlas con su código y obtener los mejores aprendizajes. Aceptar que todos somos personas:

ÚNICAS y VALIENTES.

Cuando tienes esto claro, harás el verdadero cambio en tu vida. Obtendrás tu máximo potencial y crearás éxito en tu entorno.

Antes…

✓ ACEPTASTE EL VIAJE.

Las etiquetas.

¿Qué hay de malo que unas personas destaquen en unas virtudes, y otras personas, destaquen en otras?

Nada, ¿verdad?

Si nos fijamos, cada persona destaca en algo diferente a otra. Es el modo de llegar a complementar las necesidades del resto.

Las etiquetas muchas veces, nos alejan de nuestro sueño. Hacen que nos tapemos con una máscara. Pensamos que nos protegerá durante el tiempo necesario en el que, debemos entender que, cada uno de nosotros, somos mucho más que eso.

Hay que averiguar cuál es tu máximo potencial. Para ello, saber en qué destacas, con tus virtudes y tus defectos, para alcanzar tu máximo rendimiento.

Todos podemos destruir aquellas etiquetas que nos marcan cómo somos. Podemos dejar de condicionarnos por el entorno, si realmente lo deseamos.

Ya te conté en Maribélula, mi caso de la infancia. Escribía cuentos que en mi niñez, parecían ser fantasías para las personas que me rodeaban. Sin embargo, yo las vivía con el máximo sentimiento.

A escondidas escribía mis historias, mientras que los adultos decían que era una niña con mucha imaginación: eso me hacía diferente.

Era capaz de viajar por el mundo. Crear mundos nuevos que contaba en un folio en blanco.

Aunque crecí con la idea de, "no puedo hacerlo muy integrado en mi mente", por experiencias que habían ido marcando mi existencia. Poco a poco fui cambiándolas.

¿Cómo se puede medir la inteligencia de las personas?
1. Tienes que identificarte contigo mismo.
2. Debes trabajar en la idea, que tu eliges, porque te gusta, para conseguir tus propios resultados.

3. Tienes que amar tu trabajo, para conseguir las estrategias adecuadas.

Antes de empezar, tienes que pagar el precio. Es alto y no es una cantidad que imponga yo. Es la cantidad que te pones tu mismo para conseguir tu verdadero potencial.

¿Te pasó a ti que por fin llegó la edad en la que marca tu vida para siempre?

Eso es lo que nos hacen entender cuando somos niños. Por primera vez, formulan esa pregunta que marcará el resto de tu vida.

Entonces mi padre la formuló:

P: ¿Qué quieres ser de mayor?

I: Escritora- respondí.

P: Los escritores son pobres, solo unos pocos consiguen vivir de sus libros, "deberás elegir otra profesión…"

Los padres son los mejores educadores ante experiencias propias y enseñanzas a sus descendientes.

Nunca nos explicaron cuáles son sus miedos y que por ellos, intentan protegernos. Ellos recibieron la mejor educación de sus padres, nuestros abuelos. Intentan transmitirnos su mejor mensaje, desde el cariño y el apoyo. Aunque a veces, los hijos, no estemos de acuerdo.

Aprendí que hay situaciones que aparecen para que aprendas a perdonar. Sanar y armonizar experiencias pasadas. Tu crees que las olvidaste, pero tu ser más interno aún las recuerda, cuando se repite ese dolor tan intenso.

También aprendes a sanarlo. A medida que transcurra tu lectura por las páginas de este libro.

Podemos pasar muchos años complaciendo las necesidades de otros. Sin darnos cuenta que nos perjudicamos a nosotros mismos.

Fue un gran descubrimiento, y nunca mejor dicho, pues, todo este viaje que te cuento, nació de un sueño.

Un día me desperté y supe que mi vida daría un giro. Aceptar que un sueño se puede hacer realidad, es difícil de integrar al principio.

Tienes que confiar en una parte que no ves, aunque la sientes.

Y de repente: ¡zas!

Algo dentro de mi, me guió. Empecé a estudiar todos los principios que cuento en este libro: mi vida cambió. Me ayudó a ser consciente de todo lo que podemos modificar.

Llega el día que por circunstancias de la *CAUSA Y EFECTO*; si te leíste mi primer libro publicado: Maribélula, o, La Voz de tu Alma, de Laín, incluso los dos, habrás entendido que el azar y la suerte, no existen. Unas páginas más hacia delante, te cuento el motivo.

Hay cientos de libros en el mercado que hablan de ello, es lo que hoy conocemos, como desarrollo personal.

Explica que disponemos de multitud de posibilidades para elegir.

Entender esta parte, logras aprender a manejar las circunstancias más favorables para tu vida. Esto hace que tu vida cambie.

Uno de esos días, cuando hacia el trayecto de vuelta a casa, me paré en la Casa del Libro, de la calle Gran Vía de Madrid.

Fue la librería donde crecí. Mis padres y mi hermano íbamos allí a comprar los libros para leer. Pasaban los años y con el tiempo, siempre me acompaña la misma sensación: Disfrutar al perderme por los pasillos de la tienda. Aquel día, buscaba un libro cualquiera que llamara mi atención. Lo elegía para que inspirara mis sueños más profundos.

Intentaba entender cómo los autores conseguían que sus libros llegaran allí. Esa pregunta me acompañó durante años y años.

Una estantería me llamó la atención más que ninguna otra. Fui a ver qué libros se encontraban ahí. Entre el montón encontré "El Alquimista" de Paulo Coelho.

Al cogerlo, un libro diferente se cayó al suelo, por la parte de arriba. Miré el título: "Lazos de amor (solo un amor es real)", Brian Weiss.

Me pareció muy interesante.

Ojeé el libro. Miré en la estantería buscando alguno similar, sin encontrar ninguno.

Pregunté al vendedor y me dijo que estaban en otra estantería. Ese libro estaba mal colocado. Yo opté por los dos libros que tenía en la mano, y los compré.

Los leí en una semana. Me di cuenta que en mi mente no había fantasías. Había algo real en todo lo que yo creía y sentía.

Meses después comencé a estudiar Maquillaje profesional para probar si me gustaba la experiencia. Resultó que me fascinó.

Mi profesora de maquillaje, Rocío, me enseñó a utilizar la palabra *constancia*. Con ese consejo, esa profesora se convirtió en *"mi maestra de enseñanzas de cómo conseguir un futuro"*.

Rocío, es de esas personas que realmente enseña con su propia experiencia. Ella estaba empezando en aquella época. Es de esas personas que cuando la ves trabajar sientes que *ama su trabajo*.

Fue a quién yo seguía como inspiración para llegar a conseguir mi sueño.

Estudié en Los Angeles, CA. Pude aprender un idioma. Me posicioné como Maquilladora profesional. Trabajé para grandes televisiones, como TVE, Atresmedia, La Sexta, Telecinco, Intereconomía, Fox. Madrid y Londres Fashion Week. Entre otros, publicidad para Televisión (anuncios), teatro, fotografía… Impartí clases para una escuela en Londres (en inglés) y en Madrid.

A día de hoy, Rocío es amiga mía. Tiene su escuela de maquillaje que se llama ALEGRÍA MAKE –UP, donde sigue enseñando con su propia experiencia.

Un gran número de experiencias, me ayudaron a entender, el motivo por el que escribo estos libros.

Por mi propia experiencia, he averiguado el motivo por el que podemos conseguir los cambios que queremos en nuestras vidas.

Durante cinco años, estuve estudiando como aplicar toda esta sabiduría en mi vida. Después decidí compartirlo con más personas.

Tras profundizar en estos aprendizajes, que hoy comparto contigo en este libro, mi vida cambio notablemente.

Sin embargo, la máxima felicidad apareció tras la publicación de la Trilogía Maribélula. Mi mentor Laín autor Bestseller de "La voz de tu Alma". Me enseñó el proceso para convertirme en quién soy ahora.

Fue cuando realmente mi vida cambió a mejor. No solo cambió mi vida, sino que también lo hizo la vida de las personas más cercanas. Mis padres y mi hermano, vivieron el proceso como algo grandioso. Aprendimos a apoyarnos y nos unimos más.

Escribí la Trilogía Maribélula en dos meses y medio. Son libros auto-publicados. Y en ocho meses, sin el soporte de una editorial, empezamos con la distribución en las grandes superficies, como puede ser Casa del Libro, Fnac y El Corte Ingles (Próximamente)

Años después me di cuenta que los sueños se cumplen. Y es una realidad. Tenía una imagen en la que aparecían los libros que yo había escrito en el escaparate de Casa del Libro de Gran Vía. Anteriormente, la negaba. Por miedo a aceptar que era algo que podía suceder. Y finalmente, sucedió:

¡Wow! ¡Asombroso! Esta foto es del escaparate de Casa del Libro de Gran Vía, Madrid. ¿No te parece asombroso a ti también?

Todo sucedió a medida que empecé a entender y practicar todos los principios Universales. Puedo asegurarte que funcionan al 100%.

Si lees todos los libros y haces las Minideas que te aconsejo, tu vida cambiará como cambió la mía.

Las personas de éxito saben cuál es la herramienta para lograrlo:

Tienes que aceptar todas las partes que no te gustan de tu persona, y dejarlas ir.

Amate mucho.

Cuando todas las noches tengas un sueño reparador y todas las mañanas tengas ganas de vivir:

En ese momento llega la ilusión de crear un deseo. Crecerá y crecerá, se convertirá en amor incondicional.

Entonces aprendes a gestionar tus emociones. Sabes lo importantes y útiles que son. Te acercan o te alejan de tu deseo.

Distingues la verdadera "intuición". La que te guía al Magnífico Mundo Mágico. Las sensaciones exactas, son el camino recurrente.

La conclusión de los encuentros más inesperados.

PARA TI, PERSONA VALIENTE:

Si te dijera que "El amor es el camino hacia el perdón" no es un libro cualquiera. ¡Es mucho más!

Va dirigido a esas personas que no se conforman con una única opción, ni están conformes con la situación actual.

Sino que apuestan por encontrar soluciones que les confirmen, que la vida es mucho más que eso.

Este libro está dedicado a TI, ya que hace referencia a tus lecturas, a tus conclusiones, a tus pensamientos y a tus sentimientos.

Tus sentimientos serán seleccionados y escritos en estas hojas por un motivo: averiguar la experiencia, concluir el aprendizaje. *Olvidar el miedo, el rencor, la ira, el odio. Es decir, todo lo que es el desamor.*

Repite las Minideas tantas veces como necesites. Te darán la fuerza para volver a *creer en ti*. Ten paciencia y *quiérete mucho*.

"El amor es el camino hacia el perdón", es un libro creado para TI. He puesto todo mi cariño y amor para que llegue a las personas más valientes. Si lo tienes en tus manos, mi cometido es que TU cambies. Sabes que:

La magia existe.

Los sueños se cumplen.

Debemos enamorarnos locamente de nuestro ser.

Aceptarlo te transforma.

Rechazarlo te someterá.

No sé qué fue lo que pasó en tu pasado. Sea cual sea la circunstancia, por muy dura que haya sido la experiencia: sé que si estás sujetando este libro entre tus manos, de algún modo, te pareces a mí y a todas las personas que han colaborado. No soportas el SUFRIMIENTO COMO LA ÚNICA OPCIÓN, ¿estamos en lo cierto?

Ese gesto me confirma:

"puedo intentarlo".

Di: "sí, voy a intentarlo".

REPÍTELO.

(Sonrío y choco los cinco contigo, ¡BIEN!)

Confía, en que hay cientos de posibilidades más para **buscar y encontrar** la opción más adecuada.

Por eso puse todo mi empeño en mis libros. Aparté mi trabajo de años de experiencia. Decidí *hacer de mi ilusión mi trabajo,* me formé con personas que habían conseguido sus metas. Puse *mi experiencia como meta*.

Vi los resultados en aquellas personas que recurrieron a mi en busca de consejo: obtuvieron soluciones.

Contacté con las personas más exitosas por sus resultados, para que me ayudaran a hacer de mis libros, una herramienta de desarrollo personal. Un ejemplo para que las personas que los lean, sepan que sus sueños se hacen realidad.

Tienes que aplicar una disciplina y constancia para obtener los resultados que estás buscando.

Encontrar TU máximo rendimiento personal. Con el ejemplo de estas personas, que como TÚ, desearon convertirse en lo mejor de sí mismos.

Personas como tú, que no temen al miedo, sino que ven una conquista en ese segundo plano.

Mándame tus comentarios, tus cambios y cuéntame todo tu proceso,

¡estoy deseando leerlo!

*Crea tu mundo mágico,
donde las ilusiones son exactas,
los pensamientos son creados.
Donde la magia existe en los
aprendizajes de los más valientes.
Ejemplos que te enseñan
la abundancia infinita.*

Cuando conocí a mis compañeros, eran completamente diferentes al resto de personas que había conocido antes.

Mostraban un brillo especial en sus caras relajadas. Cuando hablaban, su voz era tranquila y muy firmes en sus palabras.

Trasmitían tranquilidad, y cuando me miraban, mostraban unos ojos vivos, con ese brillo especial y característico que indica que, todo irá bien.

Mis dudas eran múltiples y sus mensajes eran neutros, no juzgaban situaciones ni tampoco personas, solo daban mensajes de cómo llevar una situación mejor.

Era eso lo que más me llamaba la atención, que consiguieran hablar de cualquier tema sin críticas.

En ese momento, yo estaba en un mar de dudas. Mis preguntas eran demasiadas. Cuando les preguntaba, ellos simplemente me daban una frase corta con un mensaje, el cuál tenía que ir descifrando, poco a poco, para llegar a una conclusión.

Si tardaba más de la cuenta en entender ese mensaje tan valioso, volvía a preguntar, y siempre me decían: *"ya te llegará…"*.

Esa frase hacía que mi impaciencia creciera hasta límites insospechados por saber, qué era lo que me tenía que llegar y, cómo podía mostrarme como ellos, sin apenas preocupación.

Cada día estaba más cómoda con ellos, escuchaba sus conversaciones. Sabían cómo utilizar plantas medicinales para la curación de dolores, hablaban de emociones y sus disfunciones, de alimentación sana. Explicaban cómo curar dolores de diferentes maneras y apenas conocidas por la sociedad.

O al menos, a mi parecer, eran muy poco vistas en ese momento. Entonces me interesé mucho más por aprender todo aquello que no sabía.

Prestaba atención a sus conversaciones, ya que siempre había alguna parte de éstas en la que aprendía algo nuevo, y con ese pensamiento me iba a casa, intentando averiguar qué inmensa duda, había despertado una extrema curiosidad en mí.

El día menos pensado, oí decir a mi compañera Ana Caridad:

AC: -Tengo hasta el tercer nivel de Reiki-, me giré y pregunté qué era –sanación por imposición de manos, mediante energía- fue exactamente eso lo que me llamó la atención: "mediante energía".

I: -¿Cómo se aprende?- pregunté.

AC: -No se aprende, te inician…

I: ¿Cómo?- intenté resolver mi duda.

AC: Pues no es algo que tengas que buscar. Si es tu momento, de repente, te llega un Maestro y te inicia, entonces ahí empiezas tu propia sanación mediante energía.

I: ¿Energía…?

AC: Si… Estamos compuestos de energía, la energía sana por sus canales energéticos. Sana los pensamientos negativos…

I: ¿Vosotros hacéis eso?

- Soy iniciado en Reiki. No puedo iniciar porque no soy Maestro. ¿Te iniciarías en Reiki?- me preguntó mi compañero Moisés.

-Deberías intentarlo- dijo Ivette desde el otro lado de la tienda.

I: ¿Reiki yo…?

Pasó el tiempo y mis dudas seguían. Sin embargo, durante esos meses eran más tranquilas.

Por una red social, recibí una invitación de una amiga mía, diferente a las personas de las que he estado hablando anteriormente.

Me fijé que ponía:

"Iniciación Reiki nivel I". Sin apenas dar importancia, confirmé que asistiría, aunque fueran unos meses después.

Transcurrió el tiempo, con las Navidades finalizadas, decidí llamar aquella amiga.

I: ¡¡Feliz Año!!-

R: Te iba a llamar hoy para saber si mañana me vienes a recoger…

I: ¿Habíamos quedado?

R: Mañana es el curso de iniciación de Reiki y pensé que irías…

I: ¡Ah! No me acordaba de eso…

¿Te dije que iría…?

R: No… pero confirmaste la invitación que te mandé… ¿Tienes dinero?

I: Acabo de cobrar…, algo tengo…

R: Pues vente mañana… Llama por teléfono y confirma que irás… Tengo que dejarte.

Mañana nos vemos. Recógeme por la mañana, antes del curso…

Pensé extrañada: ¿Y ahora… qué?

Mi intuición recordó: "SIMPLEMENTE, TE LLEGA".

Nota: La búsqueda de la palabra CONSTANCIA, me ayudó a entender cómo funciona la vida. Hablo de Reiki, porque es una herramienta personal que me ayudó a encontrar el motivo de la vida y lo necesaria que es, sin embargo, hoy puedo decir que:

Reiki es una disciplina de sanación cuántica, que ayuda a entender la parte silenciada de la "intuición". Tu disciplina de aprendizaje, un camino sorprendente. Poco a poco averiguaremos qué es. Puedes sentirte identificado, entonces, seguirás leyendo, o puede que optes por cerrar el libro. Es una decisión propia y como hacemos todos, si nos encaja probamos a ver qué pasa, y si no, seguirás con tu vida actual, y de todos modos, te brindo mis mejores deseos.

A mí me encajó, y viví la aventura de encontrar el motivo por el que hoy estoy escribiendo este libro. Gracias a eso estaré aquí contigo, en cada una de las letras que lees, en cada uno de los pensamientos que harán de mi felicidad la tuya.

"SIMPLEMENTE TE LLEGA"

EL MOMENTO DE CAMBIAR TU VIDA.

¿QUIERES ABANDONAR AQUELLAS SITUACIONES QUE NO TE DEJAN SEGUIR HACÍA DELANTE?

¡VAMOS A POR TU FELICIDAD!

Amada persona, antes de seguir…

MINIDEAS PARA VALIENTES:

1. Contrato: ¡rellenarlo y firmarlo! Recortarlo y ponerlo en la pared donde lo veas todos los días: ¡SIN EXCEPCIÓN!

2. ¡MÁNDAME UNA FOTO O SELFIE DE TU CONTRATO FIRMADO!
   isabelaznar888@gmail.com
3. ¿Quieres pertenecer al equipo de personas triunfadoras? ¡Sigue leyendo!

CONTRATO DE FUTURA PERSONA TRIUNFADORA:

YO

ME COMPROMETO A CUMPLIR MIS SUEÑOS COMO META.
MIS ILUSIONES COMO HERRAMIENTAS DE PROGRESOS.
MI CORAZÓN COMO BRÚJULA DEL DESTINO.
Y MI FE COMO MI ALIMENTO DEL DÍA A DÍA.

EN EL TIEMPO DE:
DESDE HOY HASTA (FECHA DE UN AÑO)

A CAMBIO ME COMPROMETO A LEER TODOS LOS PASOS DE ESTE LIBRO Y DEDICAR MI TIEMPO A SUS TAREAS, PARA RECIBIR LA FELICIDAD EN MI VIDA.

Y FIRMO PARA QUE MI FE SILENCIE MI MENTE Y QUE ESTOS DECRETOS JAMÁS SEAN CAMBIADOS. GRACIAS, GRACIAS, GRACIAS.

FIRMA:

PASO UNO: LISTA DE COSAS NEGATIVAS. ANTES DE CONSTRUIR, HAY QUE DESTRUIR

Aprendí que la primera parte de equilibrio y el orden comienza en la mente.

Te voy a explicar cómo.

Aunque fue uno de los pasos más importantes y difíciles que di, conseguí tener grandes resultados.

En primer lugar hay que aceptar todo lo que te gusta de tu vida y lo has valorado como una experiencia positiva.

Lo que no te gusta de tu entorno, si nos deja de gustar, quiere decir que hemos aprendido todo lo que necesitábamos saber.

Aceptar todo lo que tienes en tu vida te frena y no te gusta.

En mi caso, empecé a hacer listas de cosas que no quería, las llamé "listas de cosas negativas".

Me costaba mucho escribirlas, porque detrás de todo lo que escribes en cada lista, tienes tu vida pasada. Te recuerda el primer día que llegaste a dónde estás o dónde estabas.

Los compañeros que conociste, los amigos que hiciste y qué te aportaron. Duele aceptar que ya no formas parte de aquello. Ten en cuenta que aceptarlo, es la forma de cambiarlo; y así poder empezar a tener experiencias diferentes.

Puede que esas listras te ayuden a sentir odio, ira, rencor, anota todo lo que te está haciendo sentir. Si necesitas llorar, hazlo también.

Recuerda los profesores, que tuviste. La situación familiar que viviste en casa. ¿Cómo fueron tus jefes y compañeros contigo? ¿Cómo te hicieron sentir?

Escribe todos y cada uno de los sentimientos que te frustraban o que te hacen sentir bien.

Al contrario de lo que piensan las personas llorar no es malo. **Es una forma de limpiar las emociones estancadas y sanar nuestro ser.**

Esto hace que se vuelva de lo más beneficioso para la reestructuración de la mente y su órgano.

Diseccioné la emoción y entendí que primero llega el enfado, es el momento en que veía la situación en sí, pero no estaba preparada para aceptarla.

Después llegó la ira, que es cuando entendemos claramente la situación y te frustras todavía.

Aparece la rabia en su forma más vengativa y deshonesta aunque, es el paso para aceptar cuál es la verdadera situación.

Aparece la paciencia, que te dice que si te tranquilizas, las cosas irían mejor.

Finalmente, cuando apenas recuerdas la experiencia que te frustraba, te das cuenta que si ya no te importaba tanto, es porque has perdonado. Entonces llega de nuevo la esperanza.

¿Recuerdas que te ha pasado alguna vez?

Si te soy sincera, persona valiente que lees este libro, este proceso me costó bastante.

Hay personas que tienen una estructura mental muy marcada de muchos años. La repetición de los actos, de frases negativas, puede frustrar a una persona durante toda una vida.

Es normal si tienes que repetir listas de cosas negativas durante mucho tiempo. Dar una nueva información a la mente requiere de repetición, pues aprendemos por la repetición y el impacto emocional.

Diseccionar significa, analizar los pensamientos que nos decimos.

El impacto emocional se consigue por cómo nos sentimos con una emoción en concreto.

Cada vez que aparezca un pensamiento negativo, "diecciónalo":

Anótalo en un papel: ¿cómo te hace sentir? ¿qué fue lo que te llevo hasta ahí? ¿Te compensa estar o sentirte como te sientes?

Analiza cómo te sientes y por qué te sientes así.

La sinceridad hacia ti mima como persona, da lugar a los resultados.

Los procesos de negatividad son una bajada de energía por una carga emocional.

Al principio, las personas no entienden qué es lo que significa esto, hasta que lo aprendemos. Luego nos resulta fácil localizarlo.

Las emociones son necesarias con su estado de ánimo. Nos ayudan a saber qué es lo que nos agrada o, nos disgusta.

Es la alarma que te dice: *"Esto va bien"* o *"No, esto no me gusta"*.

Esta parte la explicaré a medida que profundicemos más en el libro.

En cuanto dejamos de prestar atención a nuestras elecciones, empezamos a ceder para dar beneficio al prójimo.

Puede ser, algo material, por una situación o, por el sentimiento de apego hacía estos. Se convierten en *emociones negativas tóxicas*.

Estas emociones hacen que te sientas mal o, empieza a hacer que tu idea no encaje.

Si el pensamiento transcurre una y otra vez, se convierte en *parásitos mentales*.

Se identifican por el miedo, el apego, la ira o, la falta de fuerza de voluntad.

¿Te resulta familiar esto?

Miedos y dudas que puedan surgir, y finalmente, te sientes culpable por cualquier decisión que has tomado.

Haré un mini inciso en esta parte, en la que profundizamos en Maribélula.

¿Recuerdas los tres procesos mentales?

1. Consciente: el ojo capta la imagen.

2. Inconsciente: donde se deposita el sistema de emociones que te dice, qué te hace sentir la imagen observada (si te gustó, no te gustó).

3. Subconsciente: el recuerdo se queda grabado con la emoción que te inspiró el acontecimiento observado.

Recordamos muchas ideas que nos incorporan en la educación desde nuestro nacimiento. La percepción que tenemos de la vida en general.

Tanto las emociones negativas tóxicas como los parásitos mentales, aparecen cuando nosotros mismos, llegamos a distorsionar la realidad que se presenta ante nuestros ojos.

Empezamos a comportarnos de una manera diferente ante dicha situación, ya que intentamos agradar a la parte externa y nos condicionamos a nosotros mismos.

Se crea un estado de ánimo muy poco recomendable, ya que entramos en proceso de falsa creencia de nuestra propia identidad.

Perdemos la perspectiva de lo que realmente queremos o no queremos.

Nos condicionarnos por la opinión ajena.

Aparece el ego con su máxima negatividad, llegando a desvalorarnos a nosotros mismos.

Dejamos de dar nuestra propia opinión por miedo al qué dirán.

Sin embargo, tu *intuición* se quejará sintiéndose culpable por no darte prioridad.

Aquí aparece la distorsión de tu propia esencia: TÚ, la parte de relación que hay entre la mente y Alma.

Estas situaciones vienen acompañadas de pensamientos de inferioridad, incluso llegamos a perder nuestra propia identidad.

Entendemos que forzar situaciones no es positivo.

En cuanto cambiamos nuestra forma de pensar, obtenemos seguridad en nosotros mismos. Empezamos a responder a las preguntas: *¿quién eres?* y *¿qué quieres?*

Cuando te aceptas y te permites ser tu mismo, sin complejos, sin miedo, sin rencor, sin rabia, sin ira, sin frustración y sin pena.

Te desahaces de la *"basura negativa"*, todo lo que nos rodea toma sentido. Estos pensamientos negativos disminuyen. Desaparecen.

Laín, quién es mi mentor en este momento, cuenta una anécdota que siempre me hace mucha gracia. Te la voy a contar. Él dice:

"Un amigo tuyo, va a verte a tu casa con su bolsa de basura de su casa.

¿Dejarías que dejara su bolsa de basura de su casa, en tu casa?"

Y remarca repitiendo:

"Su bolsa de basura de su casa, te la deja en tu cocina. ¿Le dejarías irse sin la bolsa de basura?..."

Aquí respondes: No, ¿no?

Entonces, ¿por qué quedarnos con los pensamientos basura en nuestra mente, si podemos cambiarlos?

¡Piénsalo!

Entonces bien, "nuestra mente nos acerca o nos aleja de nuestro propósito".

Los pensamientos crean una emoción que lleva a un sentimiento (positivo o negativo).

Este crea una vibración energética alta que nos aporta en nuestro organismo salud o, baja que se somatiza en el cuerpo con dolor o enfermedad.

Finalmente, se proyecta una vibración, que es lo que hace que seamos como un imán para atraer lo que deseamos.

El resultado final: *nuestra vida.*

Las experiencias que tenemos que vivir, unas más duras que otras.

El aprendizaje comienza en la forma de gestionarlas en nuestra mente.

¿Cómo llegamos a controlar nuestros pensamientos?

Pues bien, los pensamientos son una energía más, y puede ser negativa o positiva.

Muchas veces no sabemos cómo expresar los pensamientos, porque falta la gestión emocional. No sabemos identificar qué es lo que nos pasa.

La energía está en todas partes, energía somos todos.

Nuestro cuerpo tiene una parte no visible que es la parte energética. Esta energía puede ser más densa y es la que podemos ver.

Te explico mejor:

Aparece como materia, que es la que vemos en forma física. También existe la energía que no podemos ver, ya que sus partículas son excesivamente pequeñas.

Te pongo un ejemplo:

El ♥ amor ♥ no se ve, aunque se siente.

Se vuelve físico por nuestro comportamiento: abrazos, besos y conductas de cómo lo expresamos.

La única forma de cambiarlos es materializando la energía de las siguientes maneras:

1. Mediante un sanador o terapeuta que trabaje a nivel emocional.

   Si se consigue un estado de relajación en la persona, accedemos al subconsciente.

   Revivimos el momento mediante el recuerdo. Encontramos la emoción y materializamos la energía negativa o patrón de conflicto.

   Cuando se puede asimilar el conflicto, a veces arraigado desde la infancia, y lo sustituimos con un nuevo patrón de pensamiento positivo y una emoción positiva.

2. Mediante las palabras escritas. Entramos en un proceso de reflexión o meditación.

Al pensar el conflicto durante un periodo de tiempo, activamos el subconsciente.

Mediante la escritura desbloqueamos el conflicto en sí. Es un proceso de acceso fácil, ya que solo es necesario lápiz y papel.

Así que ¡YA ESTÁS PREPARADA!

CHASQUIDO DE DEDOS QUE MARCA EL:
¡VAMOS A POR ELLO!

MINIDEAS PARA VALIENTES:

1. Haz una lista de aquellas personas con las que pasas más tiempo:

¿Qué pensamientos tienen? ¿Positivos o negativos?

(Pensamientos positivos: sus pensamientos y actitudes, son progresivos. Consiguen metas que se proponen.

Pensamientos negativos: sus pensamientos y actitudes, son limitantes. Les cuesta comenzar, se cansan rápido y desisten).

¿Qué te ofrecen (la familia también habrá que incluirla)?

2. Clasifica la lista de cosas negativas. Te digo: "no asustarse", es normal, te recuerdo que yo también estuve ahí, en ese exacto momento. Tuve que repetirlas una y otra vez, hasta que mi mente integró el cambio. Así que, venga, ten paciencia contigo misma, gran persona: repite tantas veces como sea necesario.

3. Después escribe cartas a las personas que hayas tenido afecto. Agradece lo que te ofrecieron, describe la admiración hacia estas, el cariño y el respeto.

4. Con las personas con las que tuviste conflicto, escríbelas cómo te hicieron sentir: Despídete de ellas, deseándoles lo mejor, también desde el cariño y el respeto.

Estas últimas cartas rómpelas y tíralas a la basura.

La sensación desaparecerá.

¡MUY BIEN HECHO!

Hemos llegado al momento de ver las distintas situaciones:

¿Qué ideas tienes? ¿Cómo te sientes? ¿Te identificas? ¿Tienes ganas de volver a empezar?

(En algunos casos, aparecen momentos negativos que habíamos olvidado, si estos son muchos, o te impiden escribir lo que realmente quieres, lo mejor que puedes hacer, es volver al primer paso. Es simplemente darse a uno mismo el tiempo que necesita para aceptar las creencias limitantes. A veces, hay que repetir los procesos) .

PASO DOS: : LISTAS DE COSAS POSITIVAS. LA ESPERANZA ES LA LUZ QUE ALUMBRA TU CAMINO

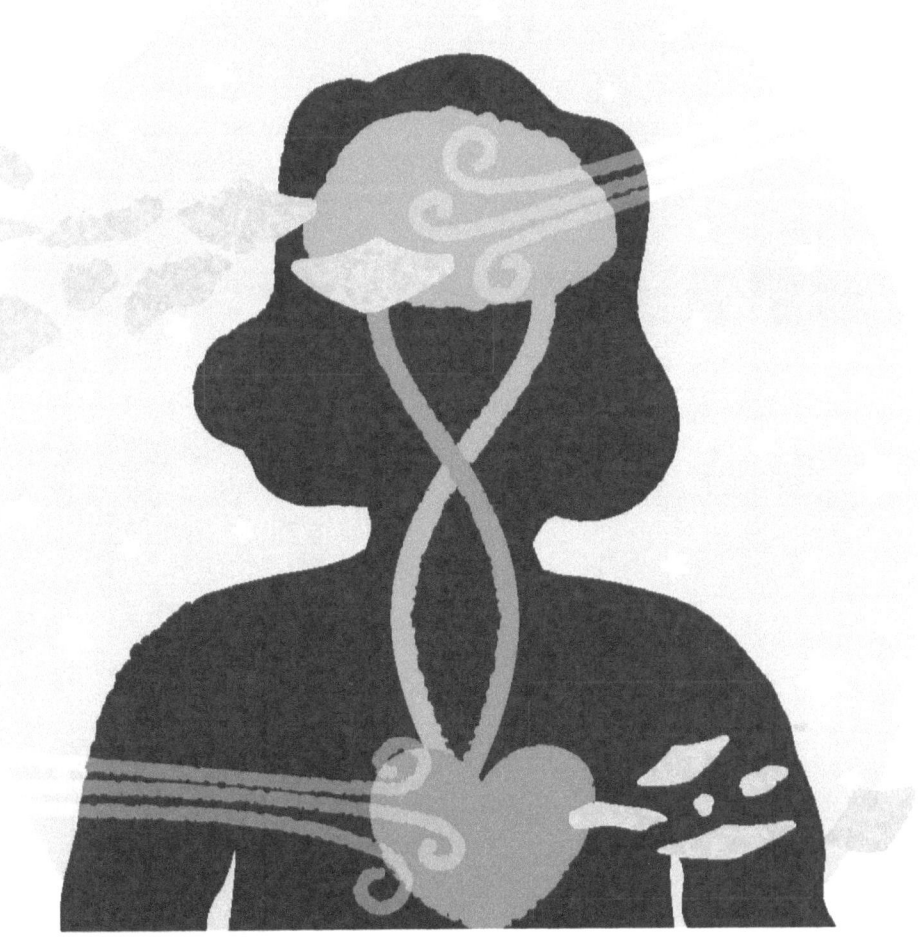

En este proceso, volverás a sentir la esperanza. Aparece en los cambios que hacemos al cabo de los días.

Cuando estés en este punto, puedes empezar a escribir listas de cosas diferentes que quieras conseguir. Te ayuda a hacer una nueva reestructuración en tu pensamiento: cambiar los pensamientos negativos y convertirlos en positivos.

Puedes hacer un estudio de algo que desees. Que sea novedoso, diferente y que no hayas experimentado nunca. Al tener experiencias nuevas, sentirás que te hacen sentir sentir bien, tu estado de ánimo cambia y ¡mejora!

¿Te has fijado alguna vez, que hay personas que dejan "para después" sus responsabilidades y acaban por no hacerlas?

A mi eso, me pasó durante algún tiempo… Lo reconozco, y te soy honesta. Antes de irme a vivir a Londres, quise escribir un libro…

Esta historia, la dejaremos para el final de este libro, lector…

El proceso consiste en buscar alguna afición que te ayude a salir de la rutina de cada día.

Si te gusta tener un aspecto saludable. Controla la alimentación, eso lo debemos hacer siempre.

Hacer deporte cada día para llegar a un objetivo fácil. Requiere una mínima disciplina, lo que te ayuda a conseguir tus objetivos. La pequeña responsabilidad que eso implica en un momento determinado: levantarte cada mañana con una responsabilidad diferente.

Puedes salir andar y subir tu caminata en tiempo de 5 minutos. El primer día caminas 5 minutos y una semana después, habrás caminado ¡35 minutos!

Si quieres tener un trabajo nuevo, gestiona tu tiempo. Mira que puedes mejorar para conseguir el trabajo que estás buscando. Fíjate si hay formaciones, o quién tiene los mejores resultados en el sector que tu estés buscando. Fórmate con él. Aprende del mejor para obtener tus mejores resultados.

Si quieres tener la relación perfecta, mejora tú.

Come sano y equilibrado. Cuídate. Olvida todas las relaciones dolorosas, perdona. Mejora tú y ofrece lo mejor que quieras dar. ¿Qué te gustaría obtener tú? ¿Qué te gustaría que te dieran en una relación? Todo eso, modifícalo en ti y cuando lo tengas claro, llegará la persona perfecta para que lo compartas con ella que también lo tendrá.

Si sigues este proceso, te sentirás más segura y con más confianza. Pues estas consiguiendo resultados diferentes. Evitarás pensar demasiado y no bloquearte y retroceder.

Cuando tu mente te diga "no puedes hacerlo…, estás cansada…" y frases similares o incluso peores, esfuérzate más por conseguirlo, hace que te reafirmes en tu conducta cuando ves los resultados.

La mente sabe cómo hacer para que te sientas inútil. Si entras en su juego, ¿cómo acabarás siendo…?

Y si te digo: ¡BIEN PERSONA BRILLANTE! Has pensado que hay un modo de hacer que tu mente funcione positivamente e irás a por ello.

Si la entrenas, ésta se volverá dócil y te ayudará. Pero antes, requiere una implicación y disciplina.

El proceso no es uno que te imponga yo, sino el que te impones tú.

Ve despacio, mímate y date mucho amor, cuéntate la cantidad de cosas buenas que has conseguido. Estoy segura que son muchas. Venga, PIÉNSALAS AHORA Y ANÓTALAS. Estoy aquí ADMIRÁNDOTE POR LO VALIENTE QUE ERES.

Este tiempo es importante y te lo dedicarás cada día.

Es mejor no mezclar la vida social y laboral con esta parte, ya que a veces la vida social, implica hablar más de trabajo.

La afición puede ser cualquiera que ayude a motivarte: pintar, pasear, escribir, cantar, hacer deporte o leer.

Intentamos que sea ameno y divertido para animar tu estado de ánimo.

Te ayudará a subir tu nivel de creatividad. La creatividad es buena, nos ayuda a potenciar nuestra propia identidad y a darnos cuenta que la energía fluye de la misma vida.

Cuando lleves unos días dedicando tiempo a esta actividad motivadora, puedes empezar a escribir listas de cosas positivas:

¿Qué has averiguado a medida que dedicas tiempo a esta actividad? ¿Cómo te sientes realizándola? ¿Qué ideas te aporta? ¿Qué ha cambiado de las listas que hiciste anteriormente?

Al comienzo puedes utilizar una frase que sea positiva. Si llega algún pensamiento negativo, lo convertiremos en positivo.

El resto de las frases no pueden bajar de vibración, con esto me refiero, a que NO podemos utilizar "NO", ni frases negativas.

Hablo de vibración la obtenemos por la emoción. Las palabras son energía y llevan una dirección de enfoque.

Si contamos una historia triste las personas que están a nuestro alrededor se entristecerán. ¿Alguna vez te ha pasado que has estado con una persona que te dejaba agotada? Es por la vibración baja.

Si contamos una historia alegre, las personas que están a nuestro alrededor se alegrarán.

¿Alguna vez has coincidido con ese tipo de persona que te alegra cuando hablas con ella? Personas vitales, entusiastas, alegres y optimistas. Consiguen lo que se proponen… Esas personas tienen la vibración alta.

Escribe situaciones positivas, para conseguir todo lo que has puesto en la lista anterior. Cuanta más seguridad haya en tu escritura y en tu conducta, en cada caso, subirá tu vibración energética y hará que te sientas mejor.

Este estado te proporcionará seguridad, y te reafirmarás a la hora de tener más ideas que te impulsen a hacer tus sueños realidad.

Poco a poco, esas ideas irán siendo más positivas. Y es cuando estás preparado para crear un pensamiento o creencia.

La repetición de estos pensamientos y creencias, se convertirán en hábitos de conducta. Y llegará un momento que las harás a medida que transcurre el día, sin darte cuenta.

¿Te has fijado la cantidad de cosas que hacemos sin ser conscientes? Estamos acostumbrados a hacerlas.

Imagínate hacer cosas por costumbre para conseguir tu sueño, poco a poco lo vas haciendo realidad tu misma: por tus actos y costumbres.

Cuando empezamos a trabajar la parte más creativa de nosotros mismos, es normal entrar en un proceso de dudas y miedos. Aparecen a flor de piel en forma de auto-sabotaje: creer que no podemos hacerlo.

La mente interviene en su forma más potente de negación y en su máximo dolor. Sin embargo, debemos controlar nuestros pensamientos para evitarlo.

Darnos el tiempo prudencial para pasar el duelo, nos ayuda a olvidar a aquel "yo" condicionado por el entorno.

Estamos experimentando un estado completamente nuevo. Nuestra mente y nuestro cuerpo necesitan integrar la nueva información que le damos.

Recuerdo cuando trabajo en rodajes y hay un cambio de plano. Se produce un estado de caos.

Los cámaras se mueven para cambiar el enfoque. Los iluminadores marcan con sus focos un nuevo plano. Los actores abandonan el set de rodaje para cambiar su estilo.

El director ensaya el guión con una actriz. Producción, cierra los contratos de los personajes de figuración que van llegando.

Se produce un caos absoluto, sin embargo, dentro de ese movimiento, cada uno de los trabajadores concentrados en su trabajo. Finalmente, todo queda completamente organizado.

Aunque haya mucho desorden en un momento dado, siempre debemos pensar que todo está surgiendo en un orden perfecto de probabilidades.

Nos ayuda a tener un "enfoque de cámara" o, de nuestra propia visión , más amplio. Podemos decidir mejor que queremos hacer con nuestra vida y ver cómo crearla.

El caos lo produce el desconocimiento . La falta de control por algo que nunca hemos vivido.

La creatividad potencia el entusiasmo. Para ello, tenemos que abandonar el estado de monotonía al que estamos acostumbrados a llevar.

Activamos a nuestra niña interior. Aquella que, una vez tras otra, aprendió a atarse los cordones de sus zapatos, y mientras lo hacía, se ilusionaba por dar largos paseos por el parque con sus zapatos nuevos.

La que disfrutaba el día antes con alegría de poder ir al cine. O, deseaba que llegara la hora del recreo para encontrarse con su mejor amiga.

Aquella niña que aceptó que había crecido cuando un día se fijó en un chico, que finalmente, se convertiría en su primer novio.

Esa joven que fue feliz a la hora de conseguir sus logros, y sentía cómo crecía por dentro cuando disfrutaba de ellos. Entendió su primera independencia de poder sin alejarse de la unión familiar.

¿Puedes recordar aquella sensación? Por favor, cuéntala.

MINIDEAS PARA VALIENTES:

1. Cuenta cómo te sentías cuando eras niña y busca las actividades motivadoras que te ayudaban a sentirte bien.

2. Después, haz una lista de actividades motivadoras que te ayuden a sentirte mejor.

Serán las actividades a las que le dediques un tiempo cada día, así que selecciónalas bien.

Aunque podemos cambiar de actividades siempre que lo deseemos, este proceso es para activar tu creatividad.

Puedes añadir a la lista:

Cuando hago (actividad motivadora), me ayuda a sentirme mejor. Siento que cada vez tengo más capacidad de realizarla. Llego a superarme a mi misma. Hace que me motive y me vea responsable a la hora de planificar lo que quiero hacer.

A veces surgen imprevistos que me ayudan a desarrollar mi perseverancia, para lograr enfocarme de nuevo en mi idea y poder conseguirla.

Nos iremos sintiendo diferentes y las listas cambiarán progresivamente.

PASO TRES: PARA CAMINAR SIN TROPEZAR, TIENE QUE HABER LIMPIEZA Y ORDEN

¿Te acuerdas de la ley del mentalismo, que te expliqué en Maribélula?

Te lo voy a recordar. La Ley del Mentalismo explica que todo es mente y que el es mental. Quiere decir que todo lo que pienses lo obtendrás en el plano material.. O sea, en tu vida.

Para aceptar las circunstancias hay que observarse a uno mismo por dentro. Al principio es difícil. Se despiertan partes oscuras ocultas que pensaste que no tenías.

Aceptarte a ti misma, es complicado. Pero **el reconocimiento final, es lo que te hace una persona libre.** Asumes que todo lo que despierta curiosidad está dentro de ti. Aprendes a rectificar en el momento exacto.

Cuando empiezas a involucrarte para sentirte mejor con tu interior, aparecen las partes que tienes que aceptar de tu propia persona. Es como si pelásemos una cebolla, quitas capas hasta que llega al centro tierno.

Las personas nos quitamos "capas de épocas pasadas"; hasta que encontramos la verdadera satisfacción y bienestar.

Al principio parece que nunca va a acabar, pero *os aseguro que este proceso acaba, y es cuando llega lo mejor.*

ASÍ QUE DI EN VOZ ALTA:

VOY A POR LO MEJOR PARA MÍ.

No lo has repetido. Venga otra vez.

VOY A POR LO MEJOR PARA MÍ.

AHORA LEVÁNTATE DE DÓNDE ESTÁS SENTADO Y DI MÁS ALTO.

VOY A POR LO MEJOR PARA MÍ.

GRITA:

¡VOY A POR LO MEJOR PARA MÍ!

Te mando mi aplauso: POR FIN TE HE OIDO.

Sigamos.

Cada noche planifica en un cuaderno tu día siguiente. Cada día intenta buscar motivos para levantarte de la cama con entusiasmo.

Escribe una característica bonita de ti. Cada día escribe una característica más. Puedes añadir tus éxitos. Las metas que te hayas propuesto y estés consiguiendo.

En ese momento, repasa las minideas. Haz tu actividad motivadora. Reflexiona, medita. Camina por el parque unos 15 minutos.

Cada mañana ponte delante del espejo y di cosas bonitas, que levanten tu estado de ánimo.

Respiraba hondo. Aunque al principio te resulte difícil, no te preocupes. Es una creencia integrada de la infancia.

¿Te ha pasado alguna vez que has estado cerca de una persona muy segura de si misma y te hacía sentir incómoda?

Estos casos se suelen dar en la infancia. A las personas seguras las criticaban. Aunque pocas personas las decían lo que realmente pensaban de ellas.

Si te fijas, en realidad, son personas con las que todo el mundo quiere estar. Lo que pasa que cuando son seguras, a veces crean un estado de incomodidad. Si este estado no se gestiona, las personas que hay a su alrededor se sienten inferiores, ceden su propio valor.

Sin embargo, si supiéramos que cada persona que llega a nuestra vida, viene para sanar algo que nosotros tenemos, **entenderíamos que todas las persona aparecen en nuestra vida en el momento exacto; para que avancemos y evolucionemos.**

Desarrollamos nuestra identidad por varios procesos:

1. La conducta que adquirimos en nuestro comportamiento.

2. La actitud, es decir, la motivación que tenemos a la hora de hacer labores.

3. La experiencia nos aporta el conocimiento por la habilidad de conseguir superarnos a nosotros mismos.

4. La superación se consigue por superar el dolor del duelo y el placer del éxito.

5. Las creencias se integran en el subconsciente por el impacto emocional y repetición de los actos tanto por ti, como por el entorno.

6. Los valores que adquirimos por la orientación y el cumplimiento de las reglas (educación, familia, trabajo, cultura).

He asistido a muchas formaciones, para entender todos estos principios. La PNL (Programación Neurolingüística, identifica los modelos de pensamiento que influyen en el comportamiento de las personas y mejorar su comportamiento en su día a día.

El mejor modo de aprender es identificándote con el conflicto por que lo has vivido y lo has superado. Solo así, puedes enseñar con tu propia experiencia.

A todas las personas nos acompañan y acompañamos. Muchas veces necesitamos una guía que nos ayude a transitar aquellos caminos que desconocemos.

Hasta que te llega una experiencia diferente, que debes vivir, es cuando empiezas a entender que *esperar te da la fuerza para ser constante en tu trayecto. Tener paciencia, es la fe: confiar en lo que aún no ves.*

Aunque en aquella época quería aprender cada vez más.

Entonces respondí:

-¿Y cuándo sabré todo eso?

-Todos somos espejos, todos mostramos lo que nos gusta y lo que no nos gusta. Es cómo nos vemos reflejados. Solo cuando te mires al espejo y te quieras. Cuando veas amor en ese espejo: ese es tu reflejo- respondió mi maestra de reiki.

Había pasado bastante tiempo. Esa semana había quedado con Ana Caridad. Para mí, ella sabe mucho de esas cosas y quería compartir con ella todo lo que estaba evolucionando.

-¿Cuánto tiempo dura esto?- pregunté.

-Adapta tu vibración- dijo.

-¿Cómo?- pregunté.

-Cuando te llegue…, no tienes que esperar, ni buscar…, solo estar normal.

-¿Normal qué es?-

-Tu vibración tiene que estar adecuada para dar lo mejor de ti…- me dijo.

(sí, lector, yo tampoco supe de que me hablaba, pero con el tiempo lo entendí).

Tras la ceremonia de iniciación del segundo nivel de Reiki, fue en la parte que más avancé. En cada sanación sentía cómo iba mejorando, cuando retrocedía no lo hacía de la misma manera.

Estaba aprendiendo a gestionar mis emociones y obtenía buenos resultados. Sabía lo que era una bajada energética. Aparece con una sensación de cansancio. Te sientes triste y aburrido.

Sabía cómo podía sanarla y evitar los pensamientos negativos que esta provoca. Desviaba la atención e intentaba hacer cosas que me gustaban. De este modo, lograba una nueva sintonización.

Aprendí que el tiempo es lo más valioso que puedes dar tanto a ti mismo, como a los demás. **Compartir el mayor beneficio que puedes ofrecer y recibir.**

Continué haciendo listas, averiguando por qué no había reconocido esa parte de mí, esa parte que siempre estuvo ahí, y anteriormente, no había querido ver. Entonces encontré la forma de aceptarme.

Te voy a contar cómo:

Llegan personas a tu vida para darte mensajes. En ese momento, apareció una compañera de mi trabajo.

Me enseñó una herramienta muy importante, y que en ese momento, me ayudó mucho. La creencia hawaiana: Ho'oponopono que Morrnah Nalamaku Simeona, actualizó después.

Brevemente explicado, consiste en repetir la frase: "lo siento, por favor perdóname, te amo, gracias". Es una terapia muy potente de sanación de conflictos emocionales.

Al repetirla, lo que conseguimos es perdonarte a ti mismo, al prójimo, a sus progenitores y ancestros. Poder sanar la situación en concreto, recordar el amor de ambos, y su vez, agradecer la aceptación del conflicto.

- **Lo siento**: reconoces una energía negativa que entró en ti y quieres transmutar.

- **Perdóname**: quieres que esa energía desaparezca poniendo *el perdón* en su lugar.

- **Te amo**: hace que fluya la energía positiva y transforme la negativa.

- **Gracias**: agradecimiento porque esa energía será renovada en todos los implicados.

Repite continuamente la expresión hasta que la sensación desaparezca.

Hemos llegado a este punto para que aceptes dos partes importantes:

a) Seguir culpando a los demás y quejarte. Lo que llamamos: victimismo.

b) ACEPTAR y decidir cambiar. Lo nombramos: responsabilidad.

Sé que estás conmigo. Has elegido la respuesta B.

Con ganas: repite en voz alta conmigo:

¡Soy responsable de mis emociones y voy a cambiarlas!

Soy responsable de mi vida y mis decisiones de cada día.

Tomo acción y por mi fe y confianza obtengo mis resultados.

¡Repítelo 100 veces más! (a lo largo del día, todos los días cuando notes culpas o quejas)"

¡Vamos a por ello!

MINIDEAS PARA VALIENTES:

1. En una hoja en blanco escribe en una columna tus características positivas. En otra columna, tus características negativas.

    Observa tus resultados en tu vida.

2. Después en esa misma hoja, escribe los nombres de 2 personas, una que sea cercana a ti y congenies bien. En otra lista elige una persona que hayas tenido conflictos. Haz dos columnas de actitudes positivas y negativas de ambas personas.

3. Analiza su conducta, su actitud, sus experiencias y sus resultados. Entenderás sus creencias y sus valores.

4. Ahora te toca a ti, que tienes en común con estas dos personas. Si reconoces que hay cosas que te gustan que las tienes, y cosas que no te gustan tu también las tienes.

5. Escríbete una carta con el enunciado: "lo siento, te perdono. Por favor, perdóname, te amo, gracias".

Empieza a escribir ¿cómo te sientes? ¿qué estás experimentando? Anota todas las cosas en común que has encontrado con las personas elegidas.

6. Finaliza de nuevo con "lo siento, te perdono, por favor, perdóname, te amo, gracias"

Lo puedes repetir tantas veces, como personas haya apuntado.

Después puedes tirar esas listas a la basura.

PASO CUATRO: PERDÓNATE Y PERDONA A LOS DEMÁS

El miedo nos mantiene alerta ante el posible peligro. Es necesario para nuestro día a día. Un exceso de miedo hace que aparezca el "yo atemorizado": aparece el ego. Este nos asusta mucho porque no controla una situación.

El ego prefiere quedarse en zonas conocidas. Nos protege del posible dolor. Para ello, nos mantiene en la monotonía todo el tiempo.

El ego nos repite una y otra vez, "no lo hagas.., tendrás problemas si lo haces…, no vayas a buscar situaciones nuevas, estás aquí bien cómodo…" Otra forma de protegernos es diciendo: "ya lo harás" y el peor comentario de de todos es: "ya lo sé".

También aparece la intuición, con su voz dulce que hace que te sientas cómodo, y te dice: "Hazlo, no pasará nada…"

Entonces tu ego te dice: "ni se te ocurra…"

Y te quedas como estás, con más dudas todavía, sin saber qué podría haber pasado.

Tener una identidad clara, es saber que quieres en cada momento. Sin resistencia, sin apariencias. Aprender desde la humildad, que se obtiene aceptando que por mucho que creamos que sabemos, en realidad, no tenemos ni idea de nada. Hay una parte en la que todo varia, es la propia experiencia.

Tu entorno, tu pareja, tus familiares, tus amigos, tus compañeros del trabajo, pueden aconsejarte, guiarte, acompañarte, enseñarte, pero la integración del aprendizaje es propio.

¿Cómo integramos el aprendizaje?

Imagínate: caminas por un parque y puedes cruzarte con ciento de árboles sin que ninguno te llame la atención. Sin embargo, cuando centramos la atención el algo en concreto, es porque lo observamos y lo añadimos emoción.

Te lo voy a explicar mejor:

El ojo capta la parte externa del entorno.

La mente entra en juego en su parte más racional, reflexiona y antecede al sentimiento. La parte emocional, no reflexiona y domina a la mente racional.

La mente racional es el intelecto y el razonamiento. La emocional es la intuición y la imaginación.

Con la unión de ambas y su equilibrio, obtenemos la sabiduría y la experiencia.

Si hay desequilibrio entre los hemisferios cerebrales, obtienes el resultado de frustración.

Conseguimos equilibrarla siendo conscientes de la situación en si. Es por eso por lo que es tan importante hacer las minideas.

Activamos los hemisferios cerebrales porque el lenguaje escrito se encuentra en la parte racional, mientras que el sentido artístico está en la parte emocional.

La imagen nos hace recordar por la emoción que experimentamos. Activamos el sentimiento que lo equilibramos, *con el perdón.*

La mente recuerda la herida emocional y protege a la intuición (el sentimiento) es más profunda todavía.

Por ejemplo, estar enamorado o, al contrario, cuando sientes que te han roto el corazón.

Recuerdas una situación pasada con dolor y pones el escudo del rencor (miedo o portección). Detrás de ese escudo se está cómodo, al principio. Pero ese escudo no es demasiado grande para permanecer mucho tiempo detrás.

El *Perdón* es una "herramienta" que hay que incluirla en nuestro interior. Funciona analizando y, seleccionando *las partes de cada uno que necesitamos perdonar.* Así entendemos la situación del prójimo.

Cuando empezamos a trabajar con Ho´ponopono, nos referimos a una técnica de sanación, vista en el capitulo anterior. No dejes de utilizarla.

Nada tiene sentido si no lo añadimos emoción. Depende como reaccionemos respondiendo a los estímulos emocionales, formaremos una creencia.

Para romper una creencia tiene que haber un impacto emocional. En primer lugar, el causante de la paz o conflicto y sus respectivos excesos.

Mi compromiso contigo es darte el máximo valor. Aunque en Maribélula también vimos esta parte (está más desarrollado por órganos y afirmaciones positivas. Observa las diferencias con tu libro).

En este caso, te voy a dejar una tabla de emociones básicas así sabrás cuál es tu reacción, depende de la emoción y el sentimiento. También añado la diferencia entre las emociones, los sentimientos y la Sanación. La pondrás en práctica a medida que transcurra tu lectura. Está bien que analices estos esquemas.

La sanación de cualquier conflicto emocional, *es aceptar la situación y tomar acción.*

Emociones	Sentimientos
Reacción de un estímulo afectivo pasajero. Desaparece rápidamente	Estado afectivo sin estímulo. Dura mucho tiempo, incluso toda la vida
Afectan biológicamente	Sin cambios bruscos

Emoción	Carga emocional
Alegría	Infelicidad/ Euforia
Amor	Desamor/vergüenza
Miedo	Protección/ fobia
Sorpresa	Amargura/ celebración
Tristeza	Coraje/depresión
Asco	Rechazo/alejamiento
Enfado	Ira/autodefensa

Sentimientos	Sanación (acción)
Amor	Afecto
Rencor	Perdón
Culpabilidad	Aceptación
Resistencia	Permiso
Envidia	Admiración
Victimismo	Cariño
Control	Perdida
Comparación	Seguridad
Tristeza	Auto-integración
Sorpresa	Exploración
Miedo	Valentía

Una vez entendidas estas emociones, te darás cuenta el único enemigo que hay en la faz de la tierra es uno mismo.

El miedo se apaga con la valentía. Cuando te enfrentas a tu miedo. Entonces entiendes, las circunstancias que te lo causan y todos los motivos.

Nos apegamos al pasado por las experiencias que hemos tenido anteriormente. Nos da miedo perder la zona conocida aunque no nos guste.

Cuando perdonas, liberas el apego a aquellas circunstancias que te da miedo perder. Aceptas el pasado. Dejas de identificarte con las situaciones que antes juzgabas.

Existen dos extremos, que es Miedo y Amor, y de estos dos extremos las diferentes emociones y sentimientos.

Te pongo un ejemplo:

Cuando una persona pasa por situaciones adversas y no las controla, aparece el miedo.

Si una persona que se ha enfrentado a esa situación te dice:

"no te preocupes, me pasó lo mismo y yo también lo superé" y te abraza…

¿Cuál es tu reacción?

Se te quita el miedo y aparece la seguridad. Esta nos reconforta a todos. Nos aporta paz y bienestar.

Activas el amor y obtienes experiencias nuevas. Con todas ellas, nuevos resultados.

Después aparece lo mejor: los pensamientos positivos, activan las emociones positivas. Te dan seguridad para conseguir nuevas ideas.

Una vez asimilas esto, empiezas a ser responsable de tus propios actos. Todas, y cada una de las quejas o, críticas que puedas tener hacía ti, es producto de un pensamiento consciente propio.

Éste depende de una energía positiva o negativa. Este pensamiento es la proyección que, tiene uno mismo de algo en concreto.

Antes de seguir:

¿Crees que es bueno cortar una emoción?

…

Depende.

Nos dan una noticia que no esperamos, una muerte de un ser querido…

¿Crees que es bueno cortar el proceso de duelo?

No, no es bueno cortar una emoción durante un duelo.

Ese proceso entra en el ciclo de la vida. Es doloroso: si.

¿Lloramos cuando perdemos a alguien?

Si.

Si finalizamos una relación de cualquier tipo y nos duele mucho la perdida, ¿es bueno llorar?

Si.

Si cambiamos de trabajo, nos mudamos a otra cuidad y nos da pena alejarnos de nuestro entorno ¿Es bueno llorar?

Si.

Es bueno llorar de vez en cuando, si lo necesitas. Permítetelo.

Estos procesos hay que pasarlos. Son ley de vida. Adaptarnos a la situación que estamos viviendo. Aceptar que es el proceso y desviar la atención a otras cosas que nos ayuden a seguir hacia delante y permitirnos el ciclo y el proceso que estamos viviendo.

Ante ciertas situaciones, por muy pequeño que parezca lo que estás haciendo, si haces un esfuerzo por cambiar y tomas la decisión de hacerlo; es de valientes.

Hay personas que se estancan en los procesos, pues no saben gestionar sus emociones.

Analiza tus procesos, tus ciclos emocionales.

Te pongo otro ejemplo para que entiendas bien este capítulo:

El ojo capta el primer impacto que tienes al ver una botella, puedes ver los colores y la diferencia entre estos. Es la parte consciente del cerebro.

Ese pensamiento discurre por la parte inconsciente de las emociones (si las analizas, puedes ver qué te transmiten esos colores, si te gustan o, si no te gustan).

Luego se almacena en el subconsciente como algo, positivo o negativo.

Tomas acción cuando decides beber de la botella. El cerebro da la orden y tu cuerpo ejecuta el movimiento.

En nuestro subconsciente guardamos los recuerdos. Las emociones dependen de cómo reaccionamos a la percepción del exterior.

Nosotros dependemos de la creencia. Es así como reaccionamos ante la situación presente.

Repetimos las experiencias para aprenderlas. Saber cuál es el resultado y decidir si nos gusta o, lo modificamos.

Si una situación la repetimos una y otra vez por costumbre, obtendremos los mismos resultados. Si decidimos tener resultados diferentes, debemos crear acciones nuevas.

Imagínate, que la nevera de tu casa, esta llena de comida de hace mucho tiempo. Hay comida que está caducada. ¿Mezclarías comida nueva con comida caducada?

No, ¿verdad…?

Las creencias nuevas, no pueden mezclarse con las viejas. Si aprendes la experiencia, obtienes resultados nuevos.

Una de mis sobrinas, se cambió de colegio. Al principio le costó mucho esfuerzo adaptarse, al nuevo método de estudio. (experiencia del apego al pasado)

Ella no se estaba dando cuenta, que estaba reestructurando su mente con un nuevo concepto (en el presente). Sus resultados para el futuro.

Cuando fue a recoger las notas, no tenía claro si aprobaría. Vino a casa en un mar de lágrimas y daba por hecho, que no se iba a graduar.

I: ¿Quién te ha dicho eso?- pregunté.

-He estado haciendo la media de las notas. Dudo mucho que pueda graduar.

No ha sido buena decisión cambiarme de colegio.

I: Dime todo lo que has aprendido en este proceso…

Empezó a decirme cosas que había aprendido. Se había esforzado mucho. Incluso, me había pedido ayuda para hacer presentaciones y subir sus notas.

Finalicé: Creo que deberías respetarte un poco más. ¿No crees que has hecho un gran esfuerzo? No tienes la nota y no tienes respuesta.

Ella me miró y me dijo:

-¿Qué hago tía?

I: Tienes que tranquilizarte. Calmar tus emociones. Y no dejarte dominar por el miedo. Céntrate en otras cosas y espera a mañana que te den la nota. Reflexiona en quién te has convertido. Cómo te has superado a ti misma, para conseguir la nota que estás buscando. Ten preparado el día siguiente.

Hizo todo lo que la dije.

Al día siguiente, me llamó por teléfono y me dijo que había aprobado. Aunque su nota no fue tan alta como ella esperaba, puedo elegir una carrera que había visto meses antes.

¿Cuántas veces, nos hemos dejado llevar por la situación?

O, hemos decidido apartar una situación por miedo a no poder controlarla.

Cuando nos dejamos dominar por el miedo y sus criterios almacenados, damos importancia a las situaciones que no controlamos. Nos dejamos dominar por el miedo.

Para ello, debemos deshacernos de los pensamientos almacenados en el subconsciente. Solo así logramos cambiar las costumbres aprendidas. Debemos "desaprender" el proceso del *pasado.*

El perdón es aceptar que somos parte del problema. Cuando lo aceptamos, entendemos la trayectoria de la situación *presente.*

Cuando estás libre de culpa, dejas entrar situaciones nuevas. Logras tener control emocional, consigues el control de la situación, descartas el fracaso.

Entiendes el aprendizaje. Lo aceptas como experiencia. Te dá un nuevo resultado, que te llevará a un nuevo acontecimiento. Nacerán nuevas experiencias que afrontar *para crear un nuevo futuro.*

Si la energía de otra persona está más baja, puede tener puntos de vista diferentes a los tuyos. Aunque no entrarás en su criterio.

No dejarás que tu energía baje. Diferenciarás tus pensamientos con los de la otra persona. Podrás controlar tus propios pensamientos. Aceptarás la situación.

La forma de sentirse bien con uno mismo a la hora de actuar, es liberarse de culpa para no empatizar con la parte negativa. Tu mente logrará empatizar con la energía positiva.

¿Cómo reconocer el ego?

Todos tenemos ego. Es el yo interno. Nos ayuda a tener nuestra propia identidad. Decidir qué queremos porque lo deseamos. Es reconocer que *yo soy amor.*

La carga emocional del ego aparece cuando, lo utilizamos como escudo protector. Lo adquirimos para que no nos hagan daño.

El ego nos mantiene lejos de la unión con nosotros mismos. Se identifica con la parte externa del entorno. Nos protege, por miedo a ser juzgados.

Crea una falsa identidad. Te juzga por lo que no tienes y te recuerda que no conseguirás tus metas. Se identifica por ser víctima de las circunstancias externas y al mismo tiempo siente culpable por estas.

La realidad de todo esto, es tener tu propia identidad del *ser interno*. Reconocerse uno mismo, con sus debilidades. Convertirlas en virtudes.

La identidad de tu persona, ofrece la parte espiritual, que cuando la equilibramos, solamente piensa en ofrecer y dar amor.

Desde que naciste, tu ser interno, sabe quién eres, porqué estás aquí y que haces aquí. Para ello, debes aceptar tu programación mental.

Aquellos patrones que tenías anteriormente, te limitan. Si los rompes, puedes conseguir lo que realmente deseas.

Al liberarnos de culpa, entra la fase *"del perdón hacia los demás"*. Antes de que llegue la *felicidad y el amor*, tenemos que *aceptar el perdón, para que vuelva la esperanza*.

Aprendemos a perdonar de verdad. Es perdonar de corazón. Nos olvidamos de las cargas personales. Vaciamos la mochila que cuelga en nuestra espalda. Nos arrancamos las etiquetas que nos colgaron en el pasado y las tiramos.

¡Es el momento en el que empezamos de cero!

Abandonamos el sentimiento de fracaso. Dejamos la máscara del victimismo y las emociones que este sentimiento puede generar.

Me acabo de acordar de una experiencia que tuve. Te la voy a contar:

Cumplí 18 años, fui a apuntarme a la autoescuela para sacarme el carnet de conducir. Cuando estaba en la secretaría, me reconocieron.

Mis primas, Raquel y Sara, se habían sacado ahí el carnet anteriormente. Ellas son mayores que yo y les hice un breve resumen de cómo les iba por aquel entonces. Al cabo de un rato, me dijeron que rellenara la ficha.

-Se me ha hecho un poco tarde, voy a venir en otro momento…- dije, y ¡Me fuí!

Cuando llegué a casa, se lo conté a mis padres y a mi hermano. No entendieron que me fuera. Yo tampoco lo entendí.

Meses después, mis amigas y mis amigos tenían todos carnet, menos yo. Y entonces, empecé a planteármelo más, que no quería decir que me lo fuera a sacar. ¡Me daba mucho miedo!

-¡Primero tienes que sacarte el teórico!- me decían.

Con el tiempo, al finalizar mis estudios en Madrid, me mudé a EEUU. Las distancias eran enormes. En EEUU, es normal tener el carnet de conducir pronto. Recuerdo tener que coger autobuses que tardaban dos horas en llegar al destino.

Cuando volví a España, empecé a trabajar como maquilladora. Muchas veces me recogía el coche de producción, otras las productoras me pagaban un taxi. Y así fueron pasando los años.

Cumplí veinticinco años y yo, aún sin carnet de conducir. Era una desventaja para mi trabajo. Tendría que depender de algún compañero.

Finalmente, me apunté a la autoescuela y me preparé para el carnet. El fin de semana antes del examen, empecé a encontrarme mal. Me dolía la tripa y la cabeza.

En la televisión donde trabajaba, ese fin de semana, estuve más horas de lo normal.

Al día siguiente por la mañana, era un lunes, casi me quedo dormida. No había dormido en toda la noche porque estaba muy nerviosa. Cuando me desperté pensé en no ir, sin embargo, mi intuición me dijo: debes ir…

Fui, ¿y sabes que pasó? ¡Aprobé!

Me saqué el carnet de conducir, pese al miedo que tenía. Fue mi mente quién hizo todo eso.

Hoy, disfruto de mi coche, de mi carnet y de mis escapadas.

Siempre hay una parte de ti que te empuja cuando tienes que tener una experiencia nueva. Hay otra parte, que te frena para que no la tengas.

Si aprendes a distinguir cuál es la oportunidad que merece la pena, el *éxito está asegurado.*

¿Sabes que pasó después? Eso te lo cuento luego.

¿Por qué nos castigamos de esa manera, cuando las cosas no salen como nosotros deseamos? ¿Sustituimos la experiencia como un error?

Son palabras que hemos incorporado a nuestro lenguaje y comportamiento. Es nuestra opinión hacía la parte externa, para justificarnos nosotros mimos. Para volver a nuestra zona de confort por la falta de seguridad en nuestros actos.

Sin gestión emocional, perdemos el control y nuestra propia percepción. El sentimiento de culpa, el miedo, la ira, es la parte que no vemos. Si somos conscientes de ellos, con el tiempo desaparece.

La esperanza nos aporta paciencia en nuestro proceso. La perseverancia nos ayuda a prepararnos para conseguir las metas que nos proponemos.

El cuerpo y la mente, necesitan integrar la nueva información que obtenemos. Si miramos hacía el presente, analizamos la situación del pasado.

Aceptamos la situación, después perdonamos y soltamos la resistencia. Armonizamos sanando el conflicto emocional. Convertimos el presente en una lección aprendida.

El mayor argumento de todo esto, es evolucionar para no quedarnos estancados siempre en lo mismo.

No obstante, no se puede estar en la misma situación durante mucho más tiempo. Cuando has aprendido que la negatividad no controlada, crea sufrimiento.

En este proceso hay que entender a la otra persona, que suelen presentar situaciones no asimiladas: lo que vemos como heridas emocionales y de ahí su conducta. Es la experiencia de ellos y sus resultados.

Si aceptamos la diferencia de nuestra vida propia, con la de la otra persona. Sin tomarte las conductas ajenas como algo personal. Sino como una conducta que, expresa una persona, por una experiencia vivida.

Aprender a perdonarnos a nosotros mismos y a los demás, conseguimos un estado emocional positivo.

Libre de cargas emocionales negativas y, libres de parásitos mentales. Nuestra conducta será neutra.

Cambiaremos la aptitud de juzgarnos y de juzgar a los demás, por entender la situación y la conducta. Nuestra energía subirá para realizar acciones positivas. Obtendremos mejores resultados.

MINIDEAS PARA VALIENTES:

1. Analiza algunas conductas, las que creas que debes cerrar. En este momento, tendrás un recuerdo. Analiza ¿qué recuerdo fue? ¿qué te aportó?

2. Anota en un cuaderno tus ciclos emocionales. Reflexiona como te sientes.

En mi canal de youtube, hay una meditación para cerrar los cliclos del pasado. Te ayudará mucho:

PASO CINCO: CREA ESPERANZA

La esperanza se crea en el momento que tienes una idea y ésta te estimula. Creas un estado positivo en tu vida.

Cuando nos juntamos con personas y las intentamos complacer, la idea de esperanza desaparece al renunciar a la propia idea.

La esperanza no se crea con la aprobación de las personas que tenemos alrededor.

Es el acuerdo contigo mismo, de querer llevar a cabo una idea y tomar acción para conseguirla.

Las sensaciones negativas y positivas son las señales que te van mostrando: Cómo llegar hasta tu idea. Para eso has venido a descubrir que estás en esta vida, para liberarte y obtener esperanza.

Tú vibración energética sube y ves que es el momento de conseguir tu objetivo.

La idea se traduce: *diviértete con lo que haces para construir lo que deseas.*

Si perdemos esa perspectiva, perdemos la esperanza de seguir adelante.

Muchas veces para conseguir tu idea, se presentan algunas limitaciones, que no son más que la proyección propia de nosotros mismos.

La *intuición* responde a la sintonía con uno mismo. Es la respuesta de la humildad y el amor incondicional. Por eso es importante reconocerte a ti mismo.

La intuición ayuda a los demás y trabaja en unión: ayudar y cooperar por cómo soy. Qué puedo ofrecer de mi: confía que tu ayuda es tu tiempo.

La mente es la que hace que tengamos una idea difusa de nosotros mismos. Puede causar un problema que no existe. Aparece el ego, que provoca la ira y el odio.

El exceso de ego se convierte en egoísmo o, en egocentrismo. Te aleja de la realidad, porque compite contra el resto de personas.

Mi valor es por la parte material de lo que tengo. Se convierte en egoísmo, si tienes dudas, si puedes perderlo y te crea inseguridad por escasez.

Debemos entender que cuando esto pasa, es una forma más de valorar, la parte positiva y la negativa.

Todo está creado de manera semejante. La aceptación de quién soy, es el equilibrio que nos identifica a nosotros mismos.

Si no supiéramos cómo se siente todo lo que no nos gusta, no podríamos valorar qué se siente todo lo que sí nos gusta: *ambas juntas nos dan la posibilidad de elegir.*

Cuando una persona reconoce que se ha equivocado, acto seguido sería, pedir perdón. Empezar a mostrarse de manera diferente.

Cuando tienes clara tu identidad y sabes que puedes conseguir muchas cosas por tu propio mérito, aunque reconoces que otras personas te pueden ayudar.

Comienzas a compartir tu tiempo, a dar y recibir de manera incondicional. Aceptar que cada persona que aparece en tu vida, viene para sanarte. Hace lo que mejor sabe hacer.

Te voy a contar lo que me pasó una noche. Me desperté a las 3:00 de la madrugada. Fui al salón. Cogí el cuaderno de notas que, había escrito cuando viví en Londres.

Lo miré por encima. Recordé todo lo que había pasado, hasta ese momento que, estaba ahí sentada.

El sonido del silencio hizo que sintiera mi mano deslizándose por el papel. Dibujando el gesto del movimiento, que da sentido a una palabra; "escribir" susurró.

Mi mano, se deslizaba por un papel en blanco. El bolígrafo, marcaba en tinta, las palabras que mi intuición dictaba. Daban comienzo a un montón de notas, que tiempo después, aparecerían ordenadas en este libro.

Fueron las primeras palabras que oí, antes de, tomar consciencia de esa parte de mi, que quedó ausente hace tiempo.

"Escribe. Tendrás que compartido"- susurró.

Fruncí el ceño y pregunté:

-¿Quién eres?

-Alma- dijo tranquila.

Sentí una mano como rozaba mi espalda.

Mi piel se erizó. Abrí los ojos cogí aire. Miré hacia los lados. No había nada allí, solo mi tranquilidad, aunque en ese momento, mi mente intentara buscar motivos para llevarme a lo contrario.

Miré la hoja donde había escrito lo que me decía. Me vino la imagen de cuando era pequeña. Mi abuela me dijo que si me gustaba escribir, escribiera como me sentía. Si cerraba los ojos y me dejaba llevar, mi destino hablaría por mi.

Fue una sensación extraña. Sentía esa mano a la altura de mi espalda. Notaba como su energía atravesaba hasta dentro de mi corazón. Llegaba a lo mas profundo de mi interior.

No sabía que era en ese momento. No sabía quién era. Me dejó algo claro. Estaba conmigo.

Entonces mi intuición me dijo: "sánate y ayuda a los demás".

El silencio me escuchó a mí: "LO HARÉ".

No sabía que sería. No tenía ni idea cómo hacerlo. En ese momento supe, que algo diferente pasaría en mi vida. La sensación que tenía, la tranquilidad me guiaría hacia los resultados.

Cuando te liberas del ego y dejas que no interfiera la mente, te mostrarás receptivo para empezar a captar las mejores soluciones.

Son mensajes que empiezas a recibir en el momento exacto. Al principio, es una sensación extraña, aunque es tan real, que confías. Te da la paz que necesitas, para reconocer que estás en el camino exacto.

Vuelve la confianza y sabes que a partir de ese momento, todo irá bien. Aunque a veces el camino se complique, sabes que lo lograrás.

En tu interior, oyes la intuición de una voz que te habla diciéndote: *"está en proceso..."*

Después hay que prestar atención para recibir las señales que nos manda. Pueden aparecer cuando; recibes una llamada telefónica que, te confirma lo que estabas buscando. O, de repente, alguien se acerca y te da la solución.

Aparecen las sincronías, que son señales que te demuestran un acontecimiento significativo.

Presta atención en este proceso. Y actúa justo en el momento. Es por el que la vida cobra sentido. Las sincronías aparecen habitualmente. Pueden llegar de personas, que se acerquen a ti, situaciones o, acciones para ofrecerte soluciones que encajan con tu idea.

Es cuando empieza a moverse tu vida. Todas las situaciones encajan. Tu la vida comienza a ofrecerte las soluciones más exactas.

Todo gira entorno a lo que tú quieres conseguir.

MINIDEAS PARA VALIENTES:

1. Busca una idea fácil de conseguir. Para ti, tiene que ser *una habilidad*.

2. Dedícale todos los días un tiempo, puede ser al alrededor de media hora mínimo. En el tiempo que tardas en ir a trabajar, piensa en esa idea. Hazte una imagen de lo que vayas a necesitar y procede a ella.

3. Cada día, añade algo nuevo a esa idea. Ve creando poco a poco imágenes. No pasa nada, que de vez en cuando, esas imágenes se destruyan. Estamos aquí para construir de nuevo.

4. Cuando sientas seguridad, crea tu verdadera idea. Anota cada día los inconvenientes que te surjan en una hoja. Aprende de ellos. Después, anota los motivos por los que te gusta tu idea.

5. Siente las ganas que tienes de conseguirla, esa sensación pesa mucho más que los inconvenientes. En ese momento: *crea el deseo de obtenerla y hazla tuya,* esto hará que tu energía positiva suba y te sientas mejor.

6. Es el momento en el que llegan las personas que hablarán del mismo tema que tú quieres conseguir. Obtendrás ideas nuevas y compartirás conclusiones.

PASO SEIS: EL AMOR ESTA EN EL INTERIOR, NO EN EL EXTERIOR

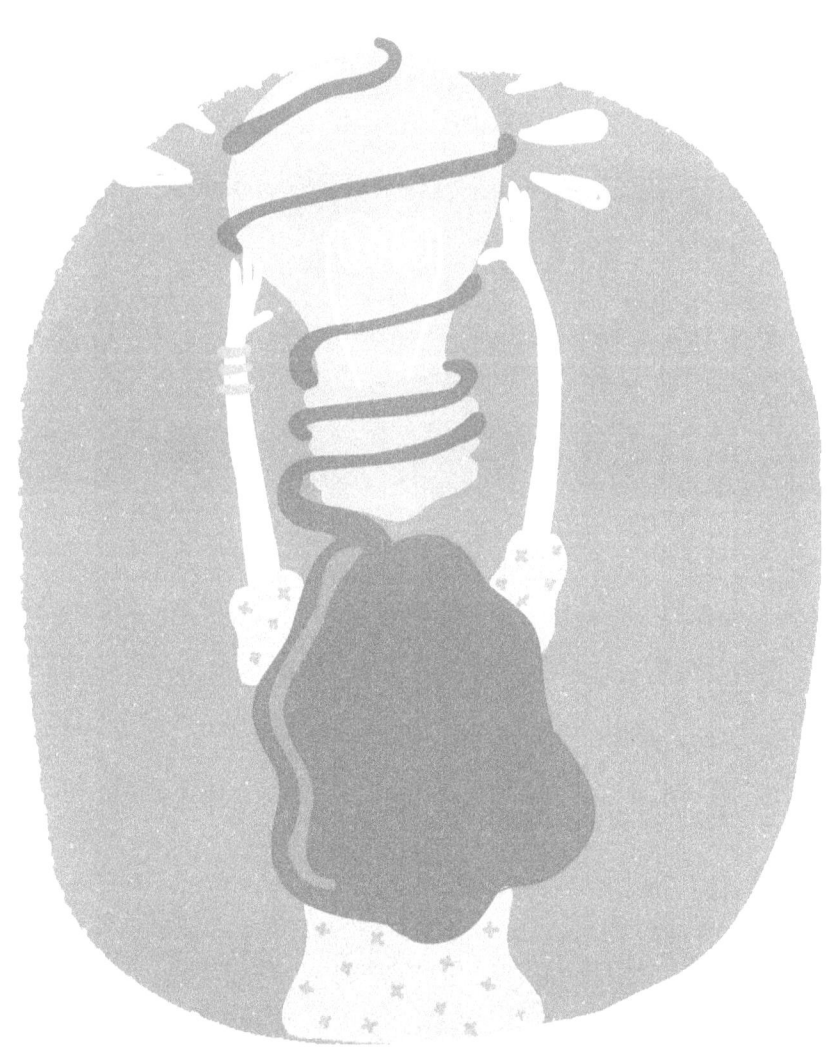

Sentía cambios en mí cada vez más profundos. Dormía mejor. Había empezado a tener sueños, los cuales recordaba con mayor exactitud.

Anteriormente, había tenido sueños parecidos, pero lo que antes era ocasionalmente, se había vuelto recurrente y constante.

Empecé a ver secuencias de números repetitivos, que lejos de mi idea de lo que un número representaba, podría llegar a ser tan importante.

Empezaba a recibir más información de cómo hacer sanaciones, tanto para mí, como para otras personas. Esa información se adaptaba a la experiencia que estaba viviendo. Muchas veces, tenía que ver con mi propia experiencia.

Las sanaciones cada vez eran mejores y comenzaba a estar más tranquila. Decidí pasar sesiones de Sanación. Las personas se iban contentas y yo aprendía mucho con ellas.

El trabajo es donde más tiempo estás y cuanto más tranquilo estés, mejor girará el resto de tu vida.

Podríamos decir que hay 3 pilares de unión en cada persona:

1. Familia (en la cuál incluyo pareja y amigos)
2. Trabajo.
3. Hogar.

En el centro de estos tres pilares está uno mismo:

1. Espiritualidad.
2. Mente.
3. Cuerpo y salud.

Si logras separar estas partes en sus líneas divisorias invisibles, sin mezclar unas con otras, lograremos un gran equilibrio.

Poco a poco, lo estamos consiguiendo.

La tranquilidad nos ayuda a entender nuestra vida.

Llamé a mi Maestra para contarle que estaba muchísimo mejor…

M: ¿Has hecho el ejercicio del espejo?

I: No, me da miedo.

M: Cuando estés preparada, lo harás…

I: Lo haré. Tengo una duda… ¿Cómo se hace una persona Maestra?

M: Depende. Son dos procedimientos que los maestros aconsejan por las experiencias con las que se sanan. Y con Reiki hay una iniciación. Pero el verdadero trabajo, es el que se hace uno mismo, tienes que desprenderte de todas tus cargas personales, para poder dar consejos neutros.

I: ¿Y cómo surgen sus aprendices?

M: Llegan muchos, pero solo aprenden quienes se quedan para saber la verdad de ellos mismos. Solo se quedan quienes quieren asumir sus miedos y su propia verdad. Esos son pocos.

I: Es duro pasar ese paso.

M: La maestría es más dura todavía. Es cuando te liberas de todas tus cargas.

I: ¿Cómo sabes si alguien quiere aprender todo esto?

M: Llegan personas de todo tipo. Pero siempre hay una conexión kármica con uno de ellos. Será la persona que aparece en procesos más difíciles. La conexión será mutua y le enseñarás a tener fe. Entenderá que con ella, llega el amor. Es un trabajo en unión. Entonces, será quien quiera aprender todo.

I: ¿De mí?

M: No. Eso sería ego. De su propia experiencia. Tú puedes guiarle pero nunca empujarle a un camino. Eso es cosa suya. Es difícil la maestría por eso. Tendemos a involucrarnos demasiado en la vida de los demás, cuando la involucración es propia: es respeto. La parte más difícil es esa. Debes recordarla: si te involucras, no ayudas.

I: Ayudar es involucrarse.

M: No, eso es en forma material. La ayuda es "servir" para avanzar sin empatizar.

I: Entiendo, creo que haré la maestría.

M: Me parece muy bien, querida… Prepárate.

La conté la experiencia que tuve en mi casa:

M: A medida que vas quitándote capas y miedos sentirás cercanía con tu intuición. Estás en el despertar…

I: ¿Qué es eso…?

M: El despertar de la conciencia.

I: ¿Y qué pasa ahora?

M: Depende de ti…

Respiré hondo. No podía parar de averiguar más cosas. Cada vez leía más, cada vez me informaba más, y la información me iba llegando poco a poco.

Entonces un día me levanté por la mañana. Fui hacia el espejo, me miré en él y sonreí.

Ahora me reconocía, ahora me miraba y me quería, entonces fui capaz de decirme:

-Me amo, me quiero, me acepto perdóname por no haberlo hecho antes.

Sentí cómo crecía algo dentro de mí. Pronuncié la frase que había tenido miedo. Fuí capaz de pronunciarla. Primero fue una vez, luego fueron dos veces. Y la pronuncié durante un largo periodo de tiempo.

Sentía cómo mi corazón se ensanchaba, yo me expandía, sentía cómo me liberaba de todas las ideas que había creado anteriormente.

Mis ojos se llenaron de lágrimas, esta vez no lloraba por la tristeza de afrontar una palabra dura de aceptar, eso quedó atrás.

Esta vez, lloraba de alegría y felicidad. Había encontrado un camino completamente diferente y, en ese camino, me había encontrado a mí misma y lo mejor de todo: me quería.

Poco después, personas empezaron a preguntarme qué había pasado en mí. Notaban algunos cambios y yo compartía con ellos, cada paso que había dado.

Estaba deseando contarles mi experiencia. Quería que todo el mundo supiera que podían cambiar sus pensamientos. Podían quererse mucho. Con ello obtener la felicidad. La herramienta del amor y aprender a perdonar.

Toda esta experiencia solo acababa de empezar, y quería compartir que si yo era capaz, ¡todo el mundo podía!

¡TU TAMBIEN PUEDES!

¿Y sabes qué más pasó?

De repente, entre las personas que me pedían consejo, apareció lo que no me imaginaba que podría aparecer, tan temprano, aunque que me costó reconocer. Es cierto que habíamos coincidido varias veces. Sin saber exactamente qué significaba eso.

En ese momento, la "intuición" dentro de mi, me dijo:

-Hemos elegido a esta persona, a quién ayudarás y tú le darás un valor que ella merece- fruncí en ceño. Me acerqué y la saludé.

I: -Hola Sara…

S: -Hola…

Empezamos a hablar.

MINIDEAS PARA VALIENTES:

1. Busca similitudes en las personas.
2. Analiza qué es lo que te piden.
3. ¿Cómo les puedes ayudar?

PASO SIETE: NADA LLEGA A TU VIDA POR CASUALIDAD, SINO POR CAUSALIDAD

Miré fijamente a sus ojos y el primer impacto que tuve, fue que su mirada estaba apagada. Sabía lo que era eso, anteriormente lo había vivido.

Sentí mi voz interior mi "intuición". Me habían explicado, que la oyes cuando te avisa de un acontecimiento.

Quizás siempre la había oído, desde que era pequeña. Aunque hubo un tiempo que no sabía qué era.

Me había dado cuenta que, desde que estaba dedicando tiempo a mi propia sanación, la oía más. En ese momento, sentí mi "intuición" . Empecé a buscar con la mirada de donde venía esa sensación.

No tenía claro lo que estaba pasando, sin embargo, la sensación era cada vez más intensa. Sentía una vibración en mi pecho. Era extraño.

Sara se acercó. Yo oía dentro de mí, cómo podía ayudarla. Decidí escuchar esa sensación tan diferente. Estaba siendo muy impactante. No teníamos confianza y mucho menos, no estaba segura si quería dejarse ayudar.

Así que empecé a hablar con ella. Le conté todo el trabajo que estaba haciendo. Ella atentamente me escuchaba. Me recordaba a mí misma. Hacía tiempo. cuando escuchaba las conversaciones de crecimiento personal, entendía la información que me daban, pero no me solucionaba nada, porque no tenía seguridad para tomar acción. No sabía cómo hacerlo. Aunque aparecía alguien que me ayudaba a llevar el proceso a cabo.

La seguridad aparece cuando decides dejar de sufrir, es cuando tomas acción, para que los cambios aparezcan en tu vida.

Por aquella época, estaba aprendiendo y experimentando grandes cambios en mi vida. Quería ver esos cambios en alguien más. Para tener resultados ajenos. Tener la prueba real y ser consciente que el proceso funciona.

Creía en ello, creía en que ella. Sabía que solamente ella, sería capaz de cambiar su vida. Como lo estaba haciendo yo. Sin embargo, ella necesitaba confiar en sí misma.

Hablaba con personas de confianza, les contaba mi propio proceso que estaba llevando a cabo. Me pedían consejos parea cambiar sus vidas.

Les recomendaba las Minideas *para valientes*, que cuento en este libro. Estaba agradecida. Estaba ayudando a otras personas con mi experiencia. Aunque para mi, no era suficiente.

Quería que muchas personas supieran que podían cambiar sus vidas si cambiaban sus pensamientos.

Sara apareció en ese momento exacto.

Me contó un poco, por encima, su situación laboral. Mientras ella hablaba, empecé a notar olas de información. Sentía como si una especie de aire atravesara mi cabeza por la parte de arriba. Veía imágenes de cómo solucionar los problemas que ella me estaba contando. Eran imágenes que había visto en mis sueños.

Había partes que sabía cómo ayudarla, porque anteriormente, ya las había vivido yo. Otras experiencias que desconocía, las olas de información me decían que las solucionaríamos.

En los momentos de incertidumbre, las olas de energía eran más intensas. Era una sensación extraña. Había tenido experiencias místicas en diferentes ocasiones. Aunque en ese momento, sentía que se habían profundizado. Estaba siendo muy impactante en ese momento.

S: ¿Cómo sabes tantas cosas?

I: Veo imágenes y las digo, pero no sé por qué las sé…

Me miró. No contestó.

Me quedé pensando. Acababa de compartir una información, de lo más personal, con una persona completamente ajena a mí.

Yo me sentía extraña. La experiencia que estaba sintiendo, no dudaba de ella. Sara no se extrañara y se mostraba normal. A pesar, que no tenía mucha idea en qué consistía todo lo que la estaba contando.

Recordé que en algunos casos, había experimentado que había visto cosas que tiempo después sucedieron.

Había dejado de transmitir ciertos mensajes, no por falta de creencia, sino por respeto al prójimo, ya que no todo el mundo está preparado.

Así que, si alguna vez tenía alguna intuición, me callaba. Cuando sucedían situaciones que yo había visto en sueños, si era alguien de máxima confianza, compartía mi experiencia.

Aunque no solía hacerlo muy a menudo. Al cabo de los años, quedó completamente anulada. En este momento, empezó a aparecer mucho más reforzada.

Empecé a explicarle todas las *"minideas para valientes",* que yo había hecho. Poco a poco, Sara fue haciéndolas por su lado.

Me di cuenta que cuando yo estaba tranquila y contenta, me sentía mejor. Era capaz de pensar cosas y conseguirlas o, de sentir cosas que ocurrían. Acepté el verdadero poder que podemos tener cada uno, cuando unimos, la mente, el alma y el cuerpo.

Recordaba épocas en mi vida, en las que me había guiado por mi "intuición". Cuando trabajaba en maquillaje, había tenido sueños de trabajos que después me ofrecían. Aunque yo no era totalmente consciente de ello.

Esto se debe a que emitimos una vibración energética, en forma de ondas, la imagen que queremos obtener. Llega al universo y hace que se proyecte en él.

El universo, al recibirlo, nos lo devuelve en forma material. Es como decir: *pensamos, enviamos, recibimos.*

Es importante estar equilibrados energéticamente. Los pensamientos son muy poderosos y vibramos según estos.

Da igual que creas o no, pero si vibras en una frecuencia más baja, proyectas pensamientos negativos que también son enviados y recibidos.

Es importante no entrar en bucle con estos, ya que nos producen un estado emocional perjudicial para tu vida y tu organismo.

Al principio, es difícil tener un estado de ánimo neutro durante varios días. El verdadero trabajo lo realizas cuando te exiges a ti misma elevar tu energía. Pese a las circunstancias.

Cuando llegan pensamientos que te hacen retroceder, debes desviar la atención a otros intereses que te ayuden a subir la energía positiva.

Aunque hay experiencias inevitables, que nos ofrece la vida, el verdadero trabajo es aprender a sentir dolor sin llegar al sufrimiento.

Para elevar la energía positiva, lo mejor es hacer lo que te gusta. El entusiasmo es lo que hace que suba tu estado de ánimo y te muestres más alegre.

MINIDEAS PARA VALIENTES:

1. Puedes ponerte música relajante y sentarte sobre una silla o el suelo.
2. Respira dos veces hondo.
3. Coloca la espalda recta, hombros hacía atrás, elevando el plexo solar ligeramente.
4. Cierra los ojos.
5. Céntrate en el conflicto en sí.
6. Piensa durante un tiempo en el conflicto elegido. Averigua la situación que te incomoda.
7. Pide ayuda a la energía para que puedas olvidar cualquier bloqueo emocional que te limite.
8. Respira hondo de nuevo. Espera hasta que desaparezca el pensamiento.

PASO OCHO: ATRAEMOS TODO LO QUE PENSAMOS

Una vez aprendes cómo funciona la mente y aceptas que todo lo que piensas se convierte en la parte material que te rodea, decides cambiar tus pensamientos.

Me explico mejor: Cuando tienes pensamientos positivos, atraes situaciones positivas, aunque las circunstancias no sean favorables, aprendes a llevarlas de la mejor manera posible.

Si piensas de manera negativa, atraes circunstancias negativas. Si las circunstancias son desafiantes, estas se volverán pésimas.

Trabaja duro en este proceso. Trabaja tu mente todos los días para que tu vida, sea fácil. Vuélvete una persona optimista.

Puedes controla, analizando tus pensamientos para entender qué estado de ánimo provocan. La vida en general, no es algo estable, esta es la primera parte que debemos entender.

¿Cómo liberar esas de las sensaciones para equilibrarnos de nuevo?

Cuando nos enfrentamos a lo desconocido, siempre aparece el miedo. Aparecen las resistencias. Miedo a cambiar, a perder lo que ya tenemos. Sin embargo, la "intuición" te anima. Es una sensación positiva. Hace que te sientas mejor.

Los pensamientos hacen que tomes acción para obtener nuestros resultados. Crea un hábito en tu vida. Modifica tu forma de pensar.

MINIDEAS PARA VALIENTES:

1. Hazte un esquema mental: ¿cómo te sientes y qué sentimientos producen ese estado?
2. ¿De dónde provienen?
3. ¿A qué te lleva esa situación?
4. ¿Te aporta algo positivo?
5. ¿Hay personas a tu alrededor con esa misma conducta?
6. Selecciona los pensamientos que te aportan: cualidades positivas y negativas, en listas diferentes.
7. ¿Qué partes no te gustan?
8. Reconoce las partes positivas. Actúa en consecuencia: repítelas todos los días al menos 3 veces mínimo. Cuando aparezca un pensamiento negativo, sustitúyelo por pensamientos positivos.

Cuando hayas hecho esta lista, llegarás a la conclusión. Aceptarás las partes que tienes que cambiar de ti mismo. Al aceptarlas, desaparecerán. Dejarás de verlas en los demás, dejan de existir.

PASO NUEVE: LOS CAMBIOS LLEGAN CUANDO ESTÁS PREPARADO

*"Querida persona valiente, hace tan solo unas páginas, te dije que te iba a contar la segunda parte de la historia de mi carnet de conducir. ¿Te acuerdas?

Resulta que después de sacarme el carnet de conducir, un día cogí el coche sola. Vivo en Madrid. Al lado de mi casa hay una rotonda muy grande.

Es una zona muy concurrida, hay muchos peatones que cruzan de una acera a otra para llegar a su destino. También hay muchos coches y autobuses que comunican con diferentes zonas.

Me estaba mudando de casa, lo hacía cerca de donde vivían mis padres y mi hermano, que por cierto, estaban de viaje ¡por eso cogí el coche!

Llené el coche de cajas para llevarlas a mi casa nueva. En esa zona había practicado con mi profesora de la autoescuela. Lo tenía todo controlado.

Llegué con mi coche. Y como no podía ser de otra manera, mi "L" de conductor novel. En la calle por donde tenía que ir, había un autobús que me cortaba el paso.

Tuve que dar toda la vuelta a mi barrio para volver donde estaba y tenía que pasar por la zona más concurrida. ¡Era lo que estaba evitando!

Intenté relajarme. Total, ya estaba ahí. Deseé que no se pusiera el semáforo en rojo, ¿y qué hizo el semáforo? ¡Exacto! ¡Rojo!

Me empecé a agobiar, se me caló el coche. Tardé un montón en volver a ponerlo en marcha, o eso me parecía a mí.

Di la vuelta a la rotonda. Llegué a mi casa y no había sitio para aparcar. Tuve que dar dos vueltas más. Finalmente, lo dejé en doble fila. ¡Arriesgadísimo, para una conductora novel!

Dejé las cajas. Bajé de nuevo al coche. Cuando volví a casa de mis padres, tuve que pedir a un chico que me lo aparcara porque no era capaz.

¿Qué pasó? Nada, lo típico que puede pasar cuándo conduces por Madrid. Un autobús que hace su recorrido. O, puede, que hayan cortado la calle por obras.

Eso digo ahora. En aquella época, tuve mucho miedo. No volví a coger el coche en año y medio.

Al cabo de ese tiempo, quedé con un amigo mío de la infancia. Me preguntó por qué no cogía nunca el coche.

I: -Me da miedo…- respondí y le conté mi experiencia.

Se empezó a reír y me dijo:

A: -¿Sabes, Isa? A partir de ahora, vas a llevarme a todas partes durante todo el verano. Me vas a recoger en todos los sitios donde te diga: irás sola y vendremos juntos.

I: -¡No! Tengo un miedo terrible. No voy a conducir. ¿Y si me doy un golpe?

Mi amigo se rió.

A: -Antes de que te des un golpe, los conductores van a frenar sus coches. No van a chocarse contigo. No vuelvo a traerte a casa. Tampoco a recogerte. Si eres mi amiga, vendrás a recogerme tú. No vas a dejarme plantado.

Primer Resultado:

Sí, al día siguiente, mi amigo vino a buscarme a casa.

Segundo Resultado:

Sí. Empecé a conducir el coche. Gracias a él, hoy disfruto de mis viajes. Ese verano aprendí a agradecer, sobretodo a mi amigo.

Nos ayudan a enfrentarnos a nuestros miedos, aquellas personas que superaron los suyos.

Tras la tercera iniciación de Reiki, mi vida empezó a cambiar. Me empezaron a dejar de gustar las cosas que antes hacía.

No sentía que tuviera que depender del trabajo al que me dedicaba, y el dinero, pasó a formar parte de algo pasajero.

Dejó de darme miedo tener la cuenta en números rojos y las consecuencias que podía tener todo esto. Acepté que era parte del proceso, para asimilar la situación. Estaba haciendo lo posible por solucionarlo.

Entendí que si salía de todo eso, las soluciones llegarían solas, como habían estado llegando, poco a poco.

Tendemos a preocuparnos demasiado, cuando en realidad, debemos ocuparnos de cómo solucionar nuestra vida.

Empezaba a ser consciente de que, si prestaba atención a algo durante mucho tiempo, esto crecía cada vez más. Entonces, en vez de pensar en que estaba teniendo problemas económicos, empecé a pensar en ¿cómo solucionarlos?

Empecé a tener sueños que me revelaban situaciones concretas, que después se cumplían.

Los sueños se convirtieron algunas visualizaciones muy claras, a veces, de personas en concreto.

Al principio, era como si yo misma girara la cabeza, intentando no ver lo que realmente estaba pasando. Cuando todos estos sueños, se convertían en situaciones que pasaban. Podía vivirlas claramente, era consciente de ellas.

Debía aceptar que no podía resistirme a algo que estaba pasando.

I: Tengo sensaciones extrañas, maestra.

M: ¿De qué tipo?

I: Pues si antes era intuitiva, ahora todo es claro.

M: Ese es el despertar.

Sonrió.

Poco a poco, empecé a hablar más con Sara. Ella también seguía haciendo las *Minideas para valientes*, que hoy recomiendo en este libro.

S: Sueño que se me cae el pelo.

I: Tienes que salir de ahí.

S: Estoy tranquila…

I: Si has tenido ese sueño…¿Qué tal el trabajo?

S: Cada día va a peor, no puedo estar. Mi jefa nos exige cada vez más y el sueldo es muy bajo…

I: Creo que podrías hacer unas listas.

S: ¿De cosas negativas y positivas?

I: En unas noches será luna llena. Es muy potente. Cierra ciclos y tú estarás en la playa. Sería bueno que aprovecharas. Báñate en el mar, la sal limpia todas las energías del aura, es importante tener el aura limpia. La noche de luna llena, escribes las listas y las tiras al mar. Te enviaré Reiki.

S: De acuerdo.

Hizo todo cuanto hablamos.

Era fácil con ella. No preguntaba demasiado y sabía esperar a que llegaran los momentos. Después de hacer todas las Minideas, lo mejor es no volver a pensar en ellas.

Si las haces bien, lo que consigues es tranquilizarte con la situación presente. Sara cumplía los requisitos y eso hacía que todo el proceso fuera más rápido.

Cada vez tenía más claro que, quería dedicarme a ayudar a personas con toda la información que recibía.

¿De dónde venía esa información? Debía descubrirlo. Sabía que ese no era el momento. De algún modo, los sueños me comunicaban que debía prepararme para algo nuevo. Debía esperar.

Sara empezó a hablar de mí a personas cercanas y éstas venían a visitarme. Por otro lado, diferentes personas iban llegando. Las personas realizaban mis consejos, sus vidas cambiaban.

Me gustaba ayudarles con las herramientas que yo había aprendido. Yo no hacía mucho, solo les recordaba quiénes eran. Ellos lograban conectar con su propio yo. Su propia energía vital, produciéndoles seguridad. Se reencontraban con su ser más puro.

Después de haber terminado cientos de ejercicios, conseguí una oferta de empleo, como maquilladora para una televisión. Era mi trabajo actual. Dejaba atrás una época oscura, en un camino lejano.

Un mes después, en la vida de Sara se producía el primer cambio. Había conseguido volver a confiar en sí misma. Sentirse capaz de entender, que si aceptas la situación, sí te concentras en lo que verdaderamente quieres cambiar, la vida te ofrece un cambio.

Una llamada de teléfono nos confirmaba, una gran alegría. Sara también cambiaba de empleo. Recuperó la confianza. La fe en sí misma. Encontró su propio bienestar.

Y mi pregunta es, querida persona, que sujetas este medio de conversación en tus manitas:

Permíteme preguntarte:

¿Dónde deseas estar? ¿Dónde estas ahora? O, ¿QUIERES AVANZAR?

> ¡Vamos a por ello!

MINIDEAS PARA VALIENTES:

1. Puede que ya hayas conseguido adquirir en nivel que necesitas. Si es así, solo tendrás que visualizar lo que quieres.

2. Puedes empezar en conversaciones, puedes pensar las preguntas que tienes, sin hacerlas.

3. Espera un tiempo. La persona que está hablando contigo, responderá a tus preguntas (sin que las hayas expuesto).

PASO DIEZ: CUANDO VES LAS SITUACIONES POSITIVAS, PROYECTAS AMOR

Estaba en pleno proceso de cambio. Para mí era necesario despegarme de algunas personas y de situaciones, para poder pasar tiempo a solas. ¿Te ha pasado alguna vez?

Cada día, me levantaba más tranquila y segura de mí misma. Todo el aprendizaje me estaba ayudando mucho, pero tenía la sensación de necesitar saber más.

Era como aprender una lección por mí misma. La mejor manera de aprender a disfrutar de la vida. Con todo ello, lo que te puede ofrecer. Debo reconocer que, había sido una época dura. Yo había cambiado y mi vida giraba respecto a estos cambios. Todo empezaba a fluir más fácilmente.

I: -¿Cómo sabes quién te elige como maestra?

M: -Tenemos lazos Kármicos con todas las personas que forman parte de nuestras vidas, pero quien te elige como maestra, el lazo es mucho más fuerte.

I: ¿Y cómo sabes lo que puedes enseñar?

M: Lo sabes. Vive experiencias parecidas a las tuya. Se convierte en compañero o compañera de vida. Está ahí, hasta que aprenda todo lo que tenga que aprender. Te enseñará a ti, todas las partes que sean necesarias. Es un trabajo de crecimiento personal mutuo. Cuando acabéis, uno de los dos desaparece de la forma más silenciosa o, a veces se queda, depende.

I: No entiendo esa parte…- comenté. Ella sonrió.

M: Si has trabajado lo suficiente, cuando oigas mucho ruido cerca, será como si estuviera lejos y las opiniones pasarán a formar parte de los demás, porque tu ego estará silencioso. Sabrás cómo silenciar el ruido de tu mente y tus dudas, pero no desde el rencor o la venganza- explicó- Esa parte estará olvidada. Podrás perdonar desde el amor. Cuando llegues a ese punto, entonces, serás maestra.

I: -Es difícil eso...

M: -Si llegas allí no retrocederás. Habrás trabajado tanto, que esa época habrá quedado atrás- finalizó.

En mi proceso de aprendizaje, pude entender lo significativas que se volverían estas palabras. Todas las situaciones negativas que pasaban por mi vida, cada vez tenían menos importancia. Aunque recordaba lo más importante, la experiencia me llevaría a un camino nuevo.

Cada vez tenía más claro que mi propia tranquilidad era lo primero. Sabía que la vida me daría experiencias realmente fuertes, que esas sí que tendría que superar por mí misma. Me harían vivir duelos complicados. Hasta que eso llegara, no quería que nada retrocediera mi proceso.

Las conversaciones con Sara eran cada vez más sinceras y confidenciales, siempre tranquilas. Observaba que cada vez que yo avanzaba, ella seguía mi mismo proceso. No era una persona con la que coincidía habitualmente. Se había convertido en una amiga, diferente al resto de mis amigos.

A mis amigos les veía, quedaba con ellos, hablábamos. Pero con ella, era como ayudarla a pasar los procesos que tenía que elegir. Experiencias que coincidían con las mías. El cambio se cumplía con una diferencia de un mes o, dos entre ambas.

Los ejercicios, como a mí, le ayudaron a elegir la vida que quería. Entendió que toda la información que tenemos, nos la proporcionamos nosotros mismos y, que la tranquilidad es el único acceso a esta.

Sara empezó a confiar más en sí misma y, como todo proceso lleva un camino. Estaba cada día más feliz. Se sentía más segura de sí misma. Sabía, que poco a poco, todo iría bien. Su motivación por la vida, se volvía cada vez más plena.

En este mismo proceso, mis amigas más cercanas iban cambiando sus estilos de vida. Notaba a mi familia mucho más tranquila. En mi trabajo también lo estaba.

He observado que cuando una persona se somete a una sanación cuántica, mejora ella su vida.

Al sentirte mejor, te sientes mejor con los cambios, que en otro caso, no hubieras aceptado por miedo.

Es un movimiento de energía. Hace que vuelvas al estado natural del cuerpo. Es la tranquilidad contigo misma y con tu alrededor.

Las relaciones que puedes tener con el resto de las personas, mantienen un contacto espiritual con los lazos afectivos. Es lo que nos une a las personas que forman parte de tu vida.

Al sanarte tú, también hay una sanación con la parte de unión del lazo afectivo con estas personas. Aunque llega un punto, que depende de ellos, si quieren ser sanados por sí mismos.

Es fácil encontrar ese punto, cuando hay un grupo de amigas y una de ellas, se desmarca por algún acontecimiento, como por ejemplo, encontrar un trabajo nuevo.

La que es más afín a ella, seguirá su mismo proceso. Es lo que se llama almas afines: son almas que vienen para unirse. Caminar juntos.

Sirven de apoyo en los procesos. Esto se puede dar en la amistad. O el lazo sentimental es más ancho, por la unión sexual que corresponde a este.

Son personas que suelen llegar a tu vida. Se quedan durante mucho tiempo. Ya que os llegáis a entender. Dependiendo de la situación, aprenderás la parte de respeto.

Si compartes las mismas ideas, todo irá bien. En el caso que no sea así, siempre llega el momento de marcar el límite. También será respetado mediante el diálogo.

Todos tenemos una conexión con todo. Es la parte que no vemos, esa energía que es pequeña. No se excluye porque no la veamos; al contrario, sigue estando.

Los lazos de unión se sienten, se notan, por la conexión que tienes con una persona ajena a ti.

Toda persona que aparece en nuestra vida, lo hace para mostrarnos lo mejor de nosotros mismos… También nos muestra las partes que no aceptamos de nosotros mismos.

Cuando hay rechazo, es que hay una parte energética que no encaja. Suele ser aceptación, a la hora de reforzar aquello que no queremos nuestro.

Cuando hay conexión, es la parte que nos atrae, la parte que nos relaja y nos reconforta. Nos muestra la mejor parte de nosotros mismos.

El mejor modo de aceptarse uno mismo. Es aceptar aquellas partes que no nos gustan. Convertirlas en virtudes. Después las potenciamos como partes positivas.

Se necesita plena sinceridad hacia tu propia persona. Ser muy justo contigo mismo y sobre todo muy fiel a ti y a tus decisiones. Aceptarte tal y como eres. Solo así, descubrirás cual es tu mayor virtud… Esa que entregarás al mundo para que este cambie con tu ejemplo.

Cuando ayudo a personas a enfocar sus vidas, en este proceso me preguntan:

¿Qué hago para cambiar mi experiencia con las relaciones?

Aquí responde aceptarte a ti misma, atender a tus debilidades y potenciarlas. Cuando las hayas potenciado, ofrecérselas a las personas.

Por ejemplo, si eres una persona celosa. Entender que los celos es una inseguridad. Las inseguridades son miedo a perder algo.

Es apego. Rellenas una carencia afectiva, que te quitaron cuando eras pequeña. Sin embargo, el desapego, es poder seguir viviendo aunque esa parte no esté.

La única forma de controlar del miedo, es la confianza en ti misma. Para ello, tienes que obtener seguridad. Entonces, cancelas la proyección de la imagen subconsciente negativa y ofreces seguridad. Entonces la carencia desaparece.

Si eres una persona insegura en el trabajo, trabajar esa parte de tu inseguridad para potenciarla y ofrecérsela a los demás.

Por ejemplo, no sabes como tener más ventas, haz cursos que te enseñen a vender mejor. Y ofrece tu mejor venta al publico.

Salud: no tienes buena salud.

Aprende de personas que la tengan,. Come como comen ellos, haz deporte, incluye una rutina diaria, y veras como tu salud mejora.

La aceptación de nuestras conductas, nos ayuda a entenderlas, para compartir la experiencia con otras personas.

Sin embargo, hay una parte emocional, que bloquea estas energías. Aparece por cambios de elección, humor, por no tener claro lo que realmente queremos.

Esa parte suele ser propia. Una vez más, entra el ego. La mente hace que cambies tu conducta.

Si te mantienes con exactitud en lo que quieres conseguir, esa parte desaparecerá.

Aprenderás a controlar tu mente y tu ego, se silenciará. Volverás a recuperar la sintonía del amor.

MINIDEAS PARA VALIENTES:

¿Cómo proyectar amor?

1. En primer lugar, debes seleccionar a las personas que te ayudan a avanzar y las que no te aportan.

    Hay que ser muy sincero con este proceso, ya que es muy importante tu propia sinceridad.

    Recuerda que lo que elegimos nos lleva a los resultados.

2. Elige en una lista a todos tus amigos, compañeros laborales, familiares, etc. Todos los contactos que tengas. Ahí te vendrán las imágenes de personas, con las que más tiempo pasas. Selecciona: ¿cómo son contigo? y ¿cómo te hacen sentir?

3. ¿Cómo te sientes cuando estás con ellos? ¿Elevan tu nivel de energía?

Si estas respuestas son positivas, te quedarías con ellos. Si son negativas, es mejor dejar de verlos durante un tiempo.

El proceso de sanación es un proceso dedicado a uno mismo. Es bueno estar alejado de personas que, de algún modo, te hacen retroceder en este delicado proceso.

4. Haz planes con las personas que te hacen sentir bien. Normalmente suelen ofrecer planes diferentes, al resto de los planes que hacías anteriormente.

Suelen sacarte de la zona de comodidad. Al principio, asusta un poco la novedad. Después, verás que solo es temporal.

A medida que te vayas sintiendo mejor, tendrás más tranquilidad y proyectarás felicidad.

Todo se obtiene desde la paz interior, y el amor, es la máxima tranquilidad que se puede ofrecer.

PASO ONCE: DAR Y RECIBIR AMOR

Hemos trabajado puntos muy importantes con las Minideas para valientes, realizadas. Hemos liberado la parte negativa. Hemos potenciado la parte positiva.

¡¡¡Has hecho un gran trabajo!!! ¡¡Estoy muy orgullosa de ti!!

Vamos a sumergirnos un poco más en nuestros estados de ánimo y las emociones.

¿Te apetece…? Lee despacito, poniendo atención. A mi también me costó mucho trabajo; entenderlo y también escribirlo para explicarlo.

El tema de las emociones, es importante saberlo, pues, te ayudará a identificarlas y a relacionar las situaciones que despiertan esa emoción. Entonces, romperás el patrón de conflicto.

♥ ¡Venga vamos a por ello! ♥

Existen dos estados de ánimo:

- El positivo se convierte en amor e iluminación o, admiración.
- El negativo. Aparece el miedo y se convierte en ira y en odio.

De ahí sentimos los siguientes tipos de conexiones espirituales:

Las positivas:

- *Amor:* es la emoción mas fuerte y abarca a todas. Es la reacción de nuestro cuerpo, cuando esta pleno. Reduce el estrés y lo convierte en bienestar.

- *Alegría:* nos sentimos plenos. Sentimos que las cosas son como deben ser.

- *Gratitud:* aparece cuando una persona nos ayudó mas de lo que esperábamos. Activamos la reciprocidad: podemos ayudar a esa persona por hacernos sentir tan bien.

- *Serenidad:* Es la relajación de estar en el sitio adecuado, nos sentimos en familia y contemplamos la tranquilidad.

- *Esperanza:* refuerza aquellas partes que pensábamos que podemos mejorar.

- *Orgullo:* tiene que ver con el ego. Si mantenemos el balance y no llegamos al extremo; nos ayuda a valorar nuestros logros. Sin embargo, si no esta equilibrada, reforzará tu egoísmo o egocentrismo.

- *Asombro:* nos ayuda a tener la sensación de conectar con nosotros mismos y la perspectiva de la parte externa, aunque sino te lo esperas, puede dejarte sin saber como reaccionar.

- *Inspiración:* es la activación de tu parte mas creativa. Te motiva a improvisar. Aparece la diversión, las ganas de reír.

Las negativas: que muchas veces no sabemos de dónde procede nuestro estado de ánimo.

Todas las emociones son necesarias, sin embargo, si aparecen sin estar justificadas, significa que hay carga emocional. No nos deja seguir hacia delante.

- *Miedo:* es necesaria. Nos mantiene alerta ante un peligro.
- Su carga emocional aparece como fobia.
- *Ansiedad o preocupaciones excesivas:* miedo a la incertidumbre.
- Ira o agresividad: al sentirnos ofendidos.
- *Tristeza:* aparece en los procesos de duelo o sucesos traumáticos. Si esta aparece, sin motivo aparente, sino como un sentimiento habitual.
- *Culpa:* nos ayuda a no ser crueles con el resto de personas y con nosotros mismos. Sin embargo; si hay carga emocional, aparece cuando te sientes mal contigo mismo.

Al pasar por todos estos procesos, lo que hacemos es valorar nuestro estado de ánimo. Si no tenemos una parte negativa, no podríamos sentir la parte positiva y viceversa.

La negatividad se ha creado para cubrir una necesidad del cuerpo. Si no hubiera estos dos estados de ánimo, nombrados anteriormente, no podríamos valorar las necesidades. No sabríamos concluir una elección.

Todas las personas, pasamos por diversos estados de ánimo a lo largo del día. Podemos diferenciar los estados de ánimo y las diferentes emociones.

Todos tenemos un ciclo emocional. Su gestión, nos ayuda a llegar a la estabilidad.

El ciclo de la alegría viene acompañada de la tristeza. Y el equilibrio es la neutralidad de vivir cada momento.

Sin embargo es un círculo temporal. Dónde hubo ira y odio, hubo mucho amor e iluminación. Ha habido un tiempo de *admiración.*

Se puede ver en el ciclo de las relaciones. Cuando tenemos pareja y pasamos por los ciclos. A veces amamos mucho y admiramos (el punto culminante, la iluminación).

Si nos hemos enfadado y pasamos por el ciclo de la ira. Nos planteamos si seguir con la relación… Forma parte del proceso, pues, es lo que nos ayuda a unirnos a esa persona.

Nos enamoramos de las partes semejantes que nos muestra la otra persona. Nos gustan y las compartimos… Las partes que no nos gustan, son las que hacen que te mantengan alerta. Te sorprenden. Es la parte más dura que debemos trabajar.

Esas partes, son las que hacen que prestes atención a la otra persona. Puedes ver sus debilidades. Entiendes la actitud de la otra persona. Dejas de sentirte amenazado y lo sustituyes por colaborar para ayudarle. Esta parte la explicamos en Maribélula con el tipo de relaciones, ¿te acuerdas?

Había una pareja muy cercana a mi. Son de esas parejas, que parecía que se les echaba la vida encima.

Tuvieron dos hijas. Por circunstancias de la vida, se separaron durante un tiempo. Ella se fue a vivir con sus padres y sus hijas. Él decidió irse a vivir con su padre temporalmente.

Mientras todas las personas de su alrededor, creían que como una pareja más, se habían separado para siempre.

Fue una época muy dura para los dos. Ella se levantaba todos los días triste. Lloraba mucho. Pero, mantuvo la fe. Confiaba en él. Sabía que haría todo lo que pudiera por su familia. Nunca dejó de creer. Todos los días de su vida, se levantaba deseando que su familia estuviera unida de nuevo.

Dos años después, alquilaron una casa, donde ahora disfrutan de sus hijas, como una gran familia.

Hace poco estaba con ella. Nos miramos y nos reímos. Su marido se había levantado de la mesa. Tenía la camisa arrugada y la llevaba por fuera de los pantalones.

-¡Qué desastre es mi marido… - dijo- Aunque yo también lo soy- sonrió- ¡Somos un desastre los dos!

-Habéis conseguido lo que nadie se esperaba que consiguierais. Sacar una familia hacia delante.

En ese momento recordé la relación de mis padres. Llevan juntos 60 años. Han pasado por muchas situaciones. Han sabido perdonar. Han dejado a un lado el ego y se han puesto en el lado del otro.

Cada uno ha ocupado su lugar, para mirar por un bien común. Esa es la visión de ellos hacia un motivo en conjunto. Mirar hacía atrás y decir, mira todo lo que hemos logrado.

Perdonar es difícil. Duele sanar el dolor. Sin embargo, curar esa herida abierta, es lo que te da la libertad. Es la forma de soltar la carga emocional. Aceptar que todos cometemos errores. Son la experiencia para tomar nuestras decisiones.

El perdón te devuelve el amor y la fe. Nos da confianza en nuestros resultados. Nos entusiasmamos para seguir hacia delante.

Sigamos con las emociones…

Entonces bien, sigamos:

El cerebro tiene dos hemisferios:

- El hemisferio izquierdo, la parte racional y pensamiento lineal, que se encarga de las habilidades intelectuales y lógicas (razonamiento).

- El hemisferio derecho, que es la parte emocional y el aspecto holístico: habilidades sociales y comunicación afectiva (intuición).

Cuando tienes tu parte mental racional en equilibrio. Obtienes armonía y bienestar.

Hemos conectado con nosotros mismos, nos damos el valor suficiente. Las carencias han sido eliminadas.

En este momento, te das a ti y das a los demás, lo mejor de ti.

Empiezas a sentir cómo tu estado de ánimo hacía ti mismo ha cambiado. Observas que al estar bien contigo mismo, las personas de tu alrededor también lo están.

Es la liberación total de cualquier suceso. Si hay amor, aceptaste la situación. Has perdonado. Das paso al agradecimiento.

Aprendemos a compartir el verdadero amor incondicional. Nos sentimos bien haciéndolo. Sin esperar nada a cambio.

Las personas que lo reciben, entenderán esta misma acción. Puede que la compartan contigo o, puede que la compartan con otras personas.

Muchas veces, no recibes de la misma persona que diste. Si te sientes así, es porque de algún modo, estás esperando.

Si esperas, creas resistencia. Si hay resistencia hay carencia. Por lo tanto, si hay carencia, aparecen las dudas.

Si fuerzas por conseguir algo, no recibes lo que estás buscando. Tu energía vuelve a bajar. Te vuelves vulnerable ante tus propias dudas. Estas se convierten en parásitos mentales. Nos desvían de nuestra propia creencia.

En cambio, si das sin esperar, cuánto más alta sea la vibración de felicidad y amor, con la que lo haces, más rápido recibirás lo mismo que has dado o, muy parecido. Mantener la energía alta, atraerá a tú vida tus pensamientos positivos.

Gran persona, te voy a contar un suceso que me pasó, como le conté a Sara:

Cuando vivía en Londres. Las posibilidades de quedarme eran nulas. Iba andando por Camden Town, viendo las tiendas, deseando elegir qué comprar algo y no podía. Quería llegar a la conclusión de por qué había llegado a esa situación.

Me paré en una tienda de ropa, en la puerta había un burro con un montón de perchas de las que colgaban jerseys de lana muy bonitos. Y de repente, un chico hindú salió y me dijo:

CH: Te gustan los jersey…- asentí con la cabeza. Me daba vergüenza reconocer que no tenía dinero-Puedo rebajártelo- me sonrió.

I: Gracias.

Me preguntó mi nombre y de donde era. Respondí y me preguntó:

CH: ¿Qué talla tienes?-

I: No voy a comprar ningún jersey-

CH: Espera aquí- me dijo. Al rato salió con una bolsa verde en la mano- En Londres todos somos pobres. Llueve demasiado y es duro vivir aquí. Nuestras familias no están. El dinero no te regala una familia. Es muy bueno conocer a personas que te den cosas. Londres es muy caro. Yo estuve como estás tú; también. Aquí no hay razas, sino la fe de cada uno…Este es mi regalo de Navidad, Feliz Año… Te deseo suerte, amiga- sonrió.

Cogí la bolsa y me abrazó. Respiré hondo:

I: Muchísimas gracias- respondí.

Y me fui, mientras mis ojos se llenaban de lágrimas. Llamé a mi madre y se lo conté.

-¿Pueden pasar esas cosas?- preguntó Sara.

I: Claro que sí. Cuando decides que ya no quieres estar peor de lo que estás. Entonces confías.

Ese día me di cuenta, lo significativo que puede ser un detalle de una persona que no conoces.

Aprendí como se ayudaban los unos a los otros. En Londres, el novio de una amiga mía, mantuvo durante meses, a su mejor amigo cuando se arruinó.

Me di cuenta de lo mucho que se ayudan las personas más necesitadas. A veces, la vida te pone pruebas para que las superes.

La primera aceptación es la humildad. Aceptar que todos somos iguales, respondemos a las mismas situaciones. Somos humanos, con todo ello, te haces valiente. Abrazar a tu miedo para seguir hacia adelante.

Entonces, decidirás no estar donde te produce dolor. Acepta que muchas veces, necesitamos ayuda, y cuando la pides, simplemente, la recibes.

MINIDEAS PARA VALIENTES:

Aquí te dejo una tarea para mantenerse con la frecuencia vibratoria alta:

1. De vez en cuando regálate un capricho.
2. Medita unos 15 o 20 minutos cada día.
3. Durante los próximos días, abraza a las personas que tienes alrededor. Dales un beso y ayúdales a sentirse tan bien como tú.

    Si son personas que están en tu misma frecuencia.

    Abraza mucho a tus personas queridas.
4. Invítalas a un café.
5. Mira tu película favorita.
6. Sonríe a un extraño.
7. Camina.
8. Intenta ponerte al sol durante un tiempo.

9. Comparte varios "te quiero", con tu pareja, con tus amigos o, con tu familia.

10. Si puedes: REGALA DETALLES.

PASO DOCE: SI LO VES, LO TIENES

S: Si no hubiera sido por ti, nunca hubiera salido del bache en el que estaba metida- dijo Sara.

I: No fue por mí, fuiste tú. Todo lo hiciste tú sola. Te aconsejé unos ejercicios que me ayudaron. Tú decidiste hacerlos.

S: Todo eso existe entonces.

I: El amor no se ve. Sientes que existe. Es una energía que está ahí, se siente, pero no se ve.

S: ¿Cómo puedo llegar a ese punto, en el que tú estás?

I: Lo estás trabajando. Esto es como tirar una piedra a una piscina. El agua formará olas, y éstas, nunca se sabe si se terminarán.

S: ¿Y qué consigo?

I: El máximo valor. Estar tranquila contigo misma.

S: Quiero estar así…- Sara lo tenía claro.

I: Es un avance progresivo. Aunque llega un momento que debes perder una parte de ti misma.

S: ¿Qué se pierde? Me da miedo perder.

I: Se pierde todo aquello que no necesitas. Se pierde el pasado. El apego desaparece.

S: Me da miedo…

I: Si hubiera sido por miedo, ¿te hubieras quedado dónde estabas?

S: No…

I: Perdiste el miedo. Perdonaste y te liberaste de culpa. Los cambios llegaron cuando tú estuviste preparada para afrontarlos. Nada llega antes de una previa preparación.

S: ¿Cómo consigues saber tantas cosas?

I: Simplemente, lo sé. Es como hablar desde lo más profundo.

Sara confió en sí misma. Había llegado el momento en el que, por un tiempo, caminaría sola.

Era el tiempo que necesitaba para integrar todos los cambios que había recibido y creer sí misma. Después de ese tiempo, ella elegiría avanzar.

Tanto ella cómo yo, habíamos descubierto una parte ausente. La parte que nos proporciona la vida y que no se ve. Aunque tiene nombre, se llama Alma.

Fue quien me habló aquella noche en el salón de mi casa. Durante mucho tiempo lo llamé intuición.

Alma. Es la parte energética que se une al cuerpo cuando nacemos. Te ofrece infinidad de posibilidades para que sigas tu proceso de vida. Sin embargo, lo olvidamos a medida que crecemos.

El crecimiento personal, te ofrece volver a recordar el motivo por el que llegaste hasta aquí. Recuperar tu esencia divina. Iluminarte con la estrella que te guiará en el camino más oscuro. Trabajar el propósito por el que viniste a vivir.

Alma es unión. La ayuda y el *amor incondicional*, es lo que nos hace crecer por dentro. Nos dice cómo nos sentimos en cada momento. Es una guía de la vida, que si aprendes a escuchar, podrás adquirir un gran potencial.

Descubrirás quién eres realmente. Los cambios son permanentes. Solo hay desequilibrios cuando necesitas volver a avanzar. Se vuelven más frecuentes. Entiendes que es un tiempo de crecimiento.

Los desequilibrios desaparecen, cuando estás totalmente en equilibrio contigo misma. Todo ello significa que, has olvidado una parte esencial y das paso al reconocimiento.

Hemos perdonado. Las listas que hemos hecho durante este proceso, nos ha ayudado a soltar la carga que llevábamos arrastrando desde hace tanto tiempo.

Estamos completamente receptivos a lo que podemos recibir del exterior; siempre es positivo. Hemos integrado en nuestra cabeza, que partimos de una sabiduría que nos ayuda a seguir hacia delante.

Existe una parte que no podemos controlar. La energía que, no nos corresponde a nosotros. Nos protege cuando lo necesitamos. Nos pone en el sitio adecuado cuando menos lo esperamos.

La parte infinita del Universo, que ejerce cuando nosotros no lo entendemos y no lo vemos. Sin embargo, siempre sabe qué hacer y cómo hacerlo. Entonces hay una unión, que surge de lo más profundo de tu ser.

Decides que tienes que emprender un viaje. Aunque no sepas hasta dónde será y hasta dónde llegará. Sabes que debes ir. Entonces aparece el primer paso a seguir.

Tomar acción, se une Alma y mente, para obtener una meta. Mediante el movimiento del cuerpo, los mejores resultados.

Aunque todavía no sepas cuáles son, sabes que estás en el camino correcto. Tu Alma lo sabe.

En esa época, sentía que había avanzado mucho. Decidí hacer la Maestría en Reiki.

La preparación de la maestría puede llevarte años.

Desde mi punto de vista, yo estuve previamente trabajando un año y medio en la preparación, previa a los niveles antes de la maestría. Hice tantos cursos como pude en ese proceso, con el fin de caminar el camino de mi propio encuentro.

Después estuve un año y medio trabajando solamente en la maestría: un total de tres años.

Ahora puedo decir, que me ofreció una ruptura de patrones de conflicto. Una reestructuración de la mente. Tener fe de nuevo y confiar, en la que nos hablaba nuestros ancestros, nuestros maestros.

La maestría es liberarte del ego, de la envidia, del miedo, del apego. Perdonarte a ti misma y a los demás. Y vibrar desde el amor.

Sentir el bienestar y la plenitud.

Aprendes que todo lo que se manifiesta, depende de cómo estás en cada momento. Comprender que: *nosotros creamos nuestra vida. Y depende de nuestros pensamientos.*

A lo largo de la historia, muchas personas hablaban de ello, Albert Einstein, Ludwig van Beethoven, Brian Weiss, Paulo Coelho, Will Smith, Oprah Winfrey…

Cuando tuve esta conclusión, decidí apuntarme a un curso de Sicoenergética, (sin P), con Jose Ramón Lobo. Aunque después pasó a ser Sanación de Psicoenergética. Me ayudó a entender esa parte de unión de mente, cuerpo y Alma.

Entonces entendí la Unión de mente cuerpo y Alma: su conexión con el Universo. Todo esto, me llevo a diversos cursos más; Inteligencia Emocional, Programación Neurolingüística (PNL). Quería entender el motivo que marca nuestra *felicidad*.

Obtuve respuestas, que hoy comparto, ya que considero que compartir esta información, puede ser de gran ayuda, como lo fue para mi.

Respeto que cada uno elija si lo quiere compartir. Permíteme decirte que, no se puede obligar a nadie.

Es un proceso muy seleccionado por las personas que deciden encontrar su propia *felicidad.*

Cuando elegimos, tenemos una forma muy personal de seleccionar nuestras ideas y llevarlas a cabo.

Estas ideas, como expliqué en la Trilogía *Maribélula*, ofrece como funcionan las Leyes Universales.

Una enseñanza que nos acompañado durante años y permaneció ausente. Tiempo después, datos científicos lo confirmaron.

Voy a hacer un mini resumen a esto.

Brillante persona, entiendo que es un poco denso. Aunque es muy útil entender esta parte.

Voy a intentar explicar de manera sencilla…

Lee despacito para entenderlo mejor, ¿vale?

¡Vamos a por ello!

Algunos datos de gran importancia:

La física cuántica, es el conocimiento que explica los fenómenos que ocurren en el átomo. La partícula más pequeña que tiene un cuerpo, en el microcosmos.

Tienen un núcleo que, si observásemos sus principios cuánticos, podemos describir su comportamiento. Los protones tienen una carga positiva y los electrones tienen una carga negativa. Ambos tienen el mismos tamaño, y su diferencia está en la carga. Están compuestos por una carga electromagnética.

Los electrones, son atraídos por los protones, por una fuerza diferente. Se llama, *fuerza nuclear*, más fuerte o, más débil. La que es más fuerte, repele o, transforma la fuerza contraria.

En 1919, Ernest Rutherford, fue el primer científico que logró la transmutación artificial de los elementos químicos. Nos ayuda a entender que dichos fenómenos expuestos a la radiación alfa y beta, ofrecen transmutaciones hasta que se adaptan y se vuelven estables.

La Metafísica, explica los acontecimientos que sobrepasan la física clásica y el macrocosmos.

Lo que ocurre en el plano de la cuarta y quinta dimensión (macrocosmos = Universo) y lo que ocurre en la tercera dimensión (microcosmos = Tierra) donde estamos encarnados.

La Alquimia está relacionada con Hermes Trimegisto y su sistema filosófico, *Hermetismo*. Haremos una breve mención a la *Tabla Esmeralda.*

Son textos que engloban la unión de una sabiduría ancestral y con ella la transmutación del Alma y su purificación. Después aparecieron los textos renovados del siglo XIX con el nombre de Kybalión.

La Alquimia, es la filosofía de la ciencia (protocientífica), que engloba elementos como:

- la metalúrgica (el tratamiento de los metales)
- la química: (la composición y la estructura de la materia)
- la física (el estudio de la materia, la energía tiempo y el espacio)
- la astrología (el significado, la creencia de los astros y el universo)
- la medicina (el estudio de la salud, de la vida y de la muerte)
- la semiótica (el estudio y la comprensión de la sociedad humana)
- el misticismo (la identificación con el máximo grado de conocimiento y la perfección)
- el espiritualismo (la creencia en Dios y el Alma)
- el arte (la comunicación de ideas vistas por la sociedad y mundo)

Fue practicada en Mesopotamia, en el Antiguo Egipto, en la India, en la Antigua Grecia, en China y en India.

Las Siete Leyes Universales de Hermes:

- *Mentalismo*: nos enseña que todo comienza en la mente. Las experiencias objetivas y la solución de problemas de forma natural.

- *Correspondencia:* Lo que creamos en la mente lo creamos en el macrocosmos (Universo). Lo recibiremos en el microcosmos (dónde vivimos). Lo que pensamos lo recibiremos.

- *Vibración:* es la vibración que emitimos al tener un pensamiento. La unión del cuerpo, mente y espíritu. Nos dará los resultados de la experiencia.

- *Polaridad:* explica los opuestos de los grados positivo y negativo, día y noche. El ciclo que corresponde al equilibrio de los diferentes:

1. **Positivo** - *equilibrio neutro* - **negativo.**

2. **Día**:*Equilibrio amanecer/atardecer-* **noche**.

- *Ritmo:* nos enseña el proceso de aprendizaje, la experiencia de la vida. Los golpes que esta ofrece para llegar a la máxima felicidad.

- *Causa y efecto:* todo es causal. Ofrece que recibiremos lo que sembremos (por vibración).

    - Si vibramos en energía baja, atraemos lo mismo.

    - Si vibramos en energía alta, atraemos del mismo modo.

El Karma, que es la experiencia de vidas pasadas para crecer como seres que somos.

Cuando entendemos esta parte, es cuando entendemos la llamada:

Ley de la atracción.

1. *Mentalismo*: Creamos una idea.
2. *Causa y efecto*: Tomas acción para realizar tu idea con tu fuerza de voluntad.
3. Entonces atraemos lo que estamos buscando (lo que vibras).
- *Generación:* la unión de la mente y la intuición, es la guía de los grandes resultados.

Entendemos la frase que comparte Buda:

"El dolor es inevitable. Pero el sufrimiento es opcional."

Quiere decir, que el dolor de la pérdida, está unido al proceso de vida. El sufrimiento es evitable, si logramos entender nuestros sistema emocional. Si entendemos estos principios, podemos controlar nuestras emociones ante el dolor.

Lograremos extinguir el sufrimiento.

Vamos a retomar lo que hemos visto:

La idea, es el primer paso para conseguir un deseo. Es cuando estamos creando nuestra creencia.

El siguiente paso es tenerlo. En el caso que aparezcan los miedos y las dudas, aparecen la mayor parte de las veces que nos enfrentamos a algo nuevo.

Es completamente normal. Es bueno. Te preparan para resolver tus preguntas. Te señalan que estás yendo por el buen camino. Afrontar los miedos para obtener nuevos resultados.

Salimos de la zona de comodidad, que tan controlada tenemos. Nos enfrentamos a una situación que no controlamos, aunque empezamos a sentirnos seguros. Te aporta confianza.

Entonces aparece nuestra fe. Alma te acompañará, te guiará a los lugares más insospechados. Aprende a entenderla, ella también sufre cuando te grita y no la escuchas.

Aceptamos que hay una parte nuestra, que controla cómo hacer en cada situación. Hay otra parte de nosotros mismos, que ya no depende de nosotros en forma física humana, sino del Universo.

El destino quiere decir que es una trayectoria marcada, que creamos nosotros mismos con nuestros pensamientos y nuestras creencias.

Tenemos que adaptar nuestras creencias a la experiencia de vida. No recibimos nada que no podamos afrontar.

En la parte física, que es el aquí y ahora, de nuestra experiencia humana, dependemos de la parte emocional.

Nos frena cuando no estamos en consecuencia con nosotros mismos. Tenemos que equilibrarla, para poder llegar a tener contacto con nuestra parte no física: Alma (microcosmos) y el universo (macrocosmos).

Y ahora estarás pensando…

La pregunta es…

¿CÓMO TE HABLA ALMA?"

Alma comienza con una vibración energética y resuena en la parte interna del pecho.

Al principio se quejará por la enfermedad o el dolor. Te retará y te ayudará a avanzar. Aunque tu mente te diga que no lo hagas, ella insistirá para que empieces a cambiar.

Hará que sientas dolor hasta que rompas los patrones en que os tuvieron enjauladas. No te dará más opción, que la claridad y la aceptación.

Si se encuentra bien, sentirás tranquilidad. Si no le gusta lo que estás haciendo, sentirás incomodidad. Si se ilusiona mucho, sentirás mucha alegría.

A veces, es como si fuera ansiedad, sin embargo, te reconforta.

Con el tiempo, puedes oírla. Su voz es suave y surge desde la parte más profunda: *el corazón.*

Siempre te dirá lo mucho que te ama. Te tranquilizará en los momentos de más incertidumbre. Es el momento en que el amor está en ti.

Las circunstancias se volverán repetitivas. Presta atención al código sentir. Aparece por señales repetitivas.

Recuerdas a una persona y te la encuentras. Una llamada telefónica inesperada. Comparte esa conversación, que llevas pensando hace tiempo. Escucha a esa persona que intentó hablar varias veces contigo.

Sonríe a esa persona con la que te cruzaste. Entiende la reacción de tu cuerpo, quizás un movimiento diferente. Compra aquello que estás pensando hace tiempo. Viaja a aquel sitio que apareció en tus sueños.

Entonces, Alma te ayudará a volver al son de la música del viento. Siéntela por las sensaciones que te envía. Escúchala en ese pequeño detalle que oíste. Observa el real paisaje que te está mostrando en el sueño.

Escucha la conversación del mar, del río, de la lluvia, del sol. De un atardecer un día de verano.

En serio, cierra tus ojos y escúchala. Está deseando que lo hagas. Quiere comunicarse contigo.

Agradécelo siempre, tu vida dará un buen giro. Lo mejor ya lo has soñado, está detrás de las imágenes del cuento mágico, que Alma te está mostrando.

Para verlo, tenemos que sintonizar con nosotros mismos. Crear la idea clara. Pedir al universo, que te de señales. Se manifestará. La rapidez depende de los miedos y de las dudas de uno mismo.

MINIDEAS PARA VALIENTES:

Permíteme ayudarte un poco más. Ya sabes que escribí los libros para ayudarte a entender tu cometido de vida. ¡Para mi eres importante y quiero que lo consigas!

En este ejercicio puedes ayudarte con Mandálula para hacer tu sueño realidad y Sueñalula para averiguar cuál es tu cometido de vida. Descubrir tu máximo potencial.

Ahora bien, sigamos:

Respira tres veces hondo:

Relájate y piensa en esa situación que quieras solucionar.

Pregunta:

¿Cuál es mi camino?

Espera unos segundo y te dará la respuesta.

¿Cuál es mi cometido?

1. En un folio en blanco, en la parte de arriba escribe todo lo que te esté llegando en este momento. Imágenes, recuerdos, ideas, pensamientos, sensaciones…

    Deseo: crea una lista de tus deseos.

2. Al lado de los deseos, crea las ramas de cómo puedes llegar a ellos.

En este paso, habrás entrado en sintonía contigo misma. Empezará la lluvia de ideas.

3. En otro papel, crea tus ideas y cómo puedes llegar a ellas.

4. Finalmente, en una hoja nueva escribe: Quiero. Ten paciencia, sentirás una vibración diferente en alguna zona de tu cuerpo: Alma te mostrará el camino.

5. Empieza a escribir la lista de las cosas que quieres y cómo conseguirlas.

6. ¿Qué necesitas?

7. ¿Qué harías si lo tuvieras?

8. Cuando dejes de escribir, tu deseo está pedido en el Universo. Ahora solo falta recibirlo.

9. Lo conseguimos crecer con nuestra idea, activamos el proceso de unos segundos para obtenerla y la energía vibra en consecuencia a ésta. Es el momento en el que estamos creando nuestra propia trayectoria de vida.

10. Cada día visualiza tu deseo. Crea un hábito y empieza a trabajar en ella. En cada pregunta que surja, aprovecha los silencios. Éstos responderán a tus dudas.

11. Cuando tengas la respuesta actúa como si ya fuera tuyo.

Entonces trabaja: dar para recibir. Tanto si tienes trabajo, como si no, o quieres emprender uno nuevo, madruga o dedícale un tiempo cada día, para dedicarte a crear tu propia creencia.

Si es un ingreso de dinero extra, ten claro lo que quieres, entrega tu energía en ayudar a que otros lo consigan, tu energía irá hacia cómo conseguirlo y el dinero llegará para que lo inviertas en tu deseo.

Si es una relación, trabaja como puedes mejorar tu relación con los demás.

Si es salud, dedica tiempo en hacer cosas que te motiven, ayuda a los demás a estar mejor, ayudándote a no pensar en tu salud.

Y siempre, sal a la calle actuando en consecuencia a tu idea, sin apenas pensar en ello. Conseguimos que trabajes desde la abundancia, no desde la escasez.

La escasez crea escasez.

La abundancia crea abundancia.

¿Qué es abundante y no nos cuesta dinero? **El tiempo.**

Dedica tu tiempo a mejorarte tú. Ofrecerás lo mejor de ti a los demás. Te aseguro que en cuanto empieces a dar, te sorprenderás.

Cuando das de corazón, sin esperar, recibes el doble de lo que diste.

Te ha pasado alguna vez, que has hecho algo especial por alguien que no te imaginaste que harías… O, al revés. La persona que menos pensabas, te ayudó.

El Universo te dá del mismo modo.

"Cuando menos lo esperes, llegará lo que más necesites".

Antes, tienes que dar mucho para recibir tu mejor cosecha.

CUANDO SUPERAS EL MIEDO, RECIBES TU GRATIFICIACIÓN.

PASO TRECE: RECIBES LO QUE OFRECES

S: Estoy muy bien, completamente feliz- concretó Sara.

I: Los cambios llegan cuando tú los ofreces- respondí.

S: ¿Cómo sabes todas las cosas que me cuentas?

I: Hablo de lecciones que aprendí con mis propias experiencias. No creo que sepa mucho. Creo que estoy aprendiendo a ser libre.

S: ¿Cómo lo haces?- preguntó.

I: No hago nada, lo sé. Llevamos tres años trabajando en todo esto juntas. Creo que tú sabes mucho más de lo que te piensas, aunque no lo creas.

S: ¿Y cómo puedo hacerlo? ¿Cómo puedo ayudar a las personas…?

I: No esperando. Trabajando todos los días un poco. Liberándote de las cargas que puedan surgir y siendo libre al mismo tiempo.

S: Vuelvo a estar agobiada con el trabajo. Hay desorden por todas partes.

I: De poco sirve una cabeza demasiado ocupada. Si no hubiera desorden, no podrías valorar el orden. Puedes trabajar esa parte, la impaciencia vuelve a uno paciente.

S: De acuerdo…- sonrió- A veces tengo ansiedad… Pero no es ansiedad mala, no sé, es raro… Diferente. Aunque el trabajo está cambiando, no me siento como antes.

I: Es Alma. La sientes cuando tienes fe. Ahora tienes que buscar en que invertirla.

S: Reflexiono mucho.

I: Llegarán las soluciones.

Estaba convencida que las cosas iban bien. Había aprendido a vivir como Alma me había guiado. Controlar mis emociones y mis sentimientos.

Todos los ejercicios habían sido una herramienta muy importante en mi vida, para saber qué era lo que yo quería. Recordar quién era, perdonarme y perdonar a los demás de corazón.

Conseguir que la mejor parte de uno mismo, sirve para que nuestro ser esté presente. Sentirnos más tranquilos.

Cuando dejamos a un lado la parte emocional negativa, aprendemos a mejorar nosotros mismos. Entendemos la perspectiva de las personas de nuestro entorno, y podemos gestionar las emociones mucho más rápido. Nos ayuda a entender y aceptar las actitudes de las personas que nos rodean.

Después de Sara, empezaron a llegar personas diferentes. Al principio, eran un intercambio de aprendizajes, mediante las *minideas para valientes*.

Observaba las secuencias numéricas. Formaban parte de las señales en mi vida y tenían gran importancia.

Eran señales que aparecían progresivamente. Pueden ser números, pueden ser personas, pueden ser objetos, se presentan repitiéndose continuamente.

Cuánto más conectado estás contigo mismo, más irradias la energía que quieres. Dejas a un lado el sufrimiento, la ira, el rencor, el odio.

Empiezas a darte cuenta que has sido víctima de los sucesos toda tu vida, pero, ahora eres consciente que esa era tu forma de pensar.

Cuando te liberas de culpa y dejas de juzgar al entorno. Te haces responsable de tus circunstancias y decides que tu vida cambie.

Entonces, deseas dar desde la gratitud y el amor. Finalmente, empiezas a recibir. Cuánto más conectado estamos con el deseo que queremos, más fácil es recibirlo.

¿Quieres saber si lo estás haciendo bien?

Mira tus resultados. ¿Te sientes satisfecho, feliz con lo que tienes? Ese es tu resultado.

Cuídate del auto-sabotaje:

Vuelve a ser la mente disfrazada de miedo, por los cambios que estás obteniendo.

La mente tiene que adaptarse a la nueva vida que has elegido. Intentará protegerte para que no salgas de la zona de confort.

Si no hay ninguna clase de resistencia. Todo surge. Has hecho un gran esfuerzo y de repente las circunstancias se vuelven *fáciles.* Significa que ya has pasado la peor parte.

Ahora déjate llevar como si fuera un sueño mágico. Si has seguido todos los pasos que están escritos en este libro, has tenido cambios.

Los principios son exactos, lo que fallan son las creencias que tenemos las personas. Cómo somos capaces de cambiar nuestras creencias, aprendemos a gestionar nuestras emociones, obtenemos resultados nuevos.

¡Es tu momento para afrontarlos! ¡Si no, no hubieras llegado hasta aquí!

Intenta reflexionar antes de tomar decisiones. Conecta con tu ser más profundo, allí hallarás la respuesta.

Hay un momento, que se repite la situación constantemente. Son pruebas para ver si vas por buen camino.

O, te encuentras en un punto exacto que, no te deja avanzar porque existe resistencia, no sigas.

La resistencia no se presenta como miedo, sino, como algo que no te deja avanzar. Es una sensación de tener algo sin hacer. ¿Me sigues? ¿Te ha pasado alguna vez?

Si te ves en una situación que se repite hace un tiempo. Fluyes con facilidad. Tu estado de ánimo te acompaña, mejorando todo lo que antes no lo tenías claro. Sigue. Sentirás la vibración en tu pecho. Te provocará un gran entusiasmo.

De repente, te llega una situación fácil de conseguir, accede. Es tu oportunidad.

El tiempo pasa muy rápido. Tienes que tomar acción con la máxima brevedad posible. El Universo responde a tu grado de energía.

El trabajo más importante, es mantenerte muy firme con tus emociones, son expertas en hacerte dudar.

Si dudas mucho y si les das opción, volverá el auto-sabotaje. Y eso, ¡NO LO QUEREMOS!

El pasado quedó atrás. Estás en la preparación, en el presente. Ante el cambio, tienes que mantener a tu mente tranquila. Ella sabe como integrar el cambio que vas a recibir, para crear tu futuro.

Disfruta de tu felicidad. Trabaja todos los días en tu proceso. Dedícale tiempo a tu deseo.

Recuerda: pase lo que pase, está a punto de llegar. Mantente en esa idea, entonces:

TU DESEO TE ENCONTRARÁ A TI.

MINIDEAS PARA VALIENTES:

1. Meditación diaria de 15 minutos. Sube el tiempo, poco a poco, hasta llegar a una hora.

2. Ocupate en tus tiempos libres para hacer actividades nuevas que te ayuden a hacer tu sueño realidad. Pasar tiempo con personas.

3. Decide qué quieres y toma acción. Actúa en consecuencia, como si ya fuera tuyo.

PASO CATORCE: ESTAMOS PARA VIVIR SIENDO LIBRE... PERO HAZLO

S: Hablo a mis amigas de todo lo que aprendí. A veces, les digo que se pongan en contacto contigo…

I: Te lo agradezco… ¿por qué no les aconsejas a tus amigos por tu propia experiencia?

S: Yo no sé tanto.

I: La sabiduría es sentir, para vivir. Dejarte llevar por la intuición. Te enseñé unas palabras. Viviste la experiencia escrita en un papel. Lo que sentiste. Permítete confiar en ti y en todo lo que has aprendido. Si realmente hablas con el corazón, llegarás a muchas personas, ¿por qué no vas a enseñar por tu propia experiencia?

S: A veces aconsejo hacer listas.

I: Entonces, estás en el camino. No dudes.

S: Me han ofrecido un proyecto nuevo en el trabajo. Sería la primera vez que lo exponen. ¡Estoy muy ilusionada con ello! Has confiado tanto en mí…

I: No he sido yo: tú has confiado en ti y lo has demostrado con fe. Es así cómo funciona. Trabajar en ti para ofrecer lo mejor de ti. Juntas desarrollamos un plan.

S: Nada hubiera sido posible, si tú no me hubieras ayudado.

I: Solo te hablé de un camino que yo lo estaba caminando; caminarlo o no, era tu decisión.

S: Deberías escribir un libro, con todas tus enseñanzas… Ayudarías a muchas personas.

I: Lo he pensado: todavía no es el momento- respondí.

Eso sucedió hace tres años. Tenía la sensación de querer escribir un libro desde muy pequeña. Siempre aplazaba el momento. ¿Te ha pasado alguna vez?

Hoy estoy sentada corrigiendo este libro. Cambiando algunas cosas y recordando cómo dí ese primer paso. Uno de los más importantes de mi vida. Con él, el descubrimiento de lo más profundo de mi ser.

He podido observar como cambiamos. Cómo nos transformamos tras vivir diferentes experiencias.

He aprendido que, nacemos solos y morimos solos. Mientras tanto, entre medias, cada persona ofrece una vida, una experiencia y una sabiduría. Para que su ser interior crezca por dentro.

Muchas veces nos sometemos a la crítica y los juicios de valor de la parte externa. Nos sentimos culpables y esperamos que la vida cambie para nosotros.

Nos cuesta mucho esfuerzo adaptar que nuestras ideas, nos sanan a nosotros mismos.

El verdadero desarrollo personal, comienza tras un golpe fuerte inesperado. Nos hace sentirnos víctimas de un suceso, que debemos afrontar por nosotros mismos. Debemos aceptarlo. Eso hará que nuestras emociones tengan un cambio. Entonces experimentamos el *click mental* que necesitamos. Creamos nuevas conexiones neuronales, a las que responde todo nuestro organismo, incluyendo las células.

Los pensamientos dan un giro. El cuerpo cambia y con él nuestra conducta. Asumimos nuestra responsabilidad. Sanar las heridas más dolorosas de nuestro interior.

Las excusas desaparecen y decides cambiar tu pasado. Aceptas que tú eres responsable de modificar tu presente. Es el comienzo de la experiencia de vida futura.

Te das cuenta que la propia vida te cambia para reencontrarte contigo misma y tu nueva experiencia.

Las minideas para valientes, que ofrezco en este libro, son para liberar la ira, el miedo y la culpa. Es lo que nos hace retroceder en cada momento.

Redirigirse al pasado, aceptar la experiencia y dejarlo ir.

Asumir que nadie es víctima de nadie, salvo de los patrones de pensamiento de uno mismo.

Las experiencias que vivimos las atraemos nosotros mismos.

Cada uno *se salva a uno mismo, si se quiere reconocer, que todo lo que nos pasa, depende de nosotros mismos.*

Las personas que están a nuestro lado, viven su propia experiencia, exactamente igual que nosotros.

I: Maestra, Sara está completamente sanada. El resto, dependerá de ella- le conté.

M: La maestría suele llevar entre un año y medio y dos años- sonrió- tiempo exacto- ¿cuál ha sido la experiencia tuya?

I: Todos los pasos me llevaban a algo. Mis sueños, las señales, los números, las meditaciones me daban mensajes de cómo seguir hacia delante. Le contaba a Sara los pasos que había seguido para mí misma. Cuando me contaba sus cambios, le contaba de dónde había sacado esa información. He aprendido que la mejor manera de ayudar, es desde el interior hacia el exterior. Y que del verdadero amor aparece cuando aprendes a perdonar. Juntos, son el antídoto para sanar las heridas más profundas. Nunca dejé de transmitirle ese mensaje.

M: Entonces has sido su maestra. Con la guía de tu experiencia, ha aprendido lo mejor de si misma. Toda una lección.

I: A veces la protegí demasiado. Temía que sufriera.

M: ¿Revisaste tu experiencia?

I: Si. El camino lo tiene que andar uno mismo. Podemos ayudar, pero su experiencia es personal.

M: Ella también te enseñó a ti. ¿Qué tal está?

I: Felizmente viviendo.

M: Dale la bienvenida. Ya es una más de nosotros.

I: Si. Enseñará lo que ha aprendido- respondí- Maestría significa enseñar un camino. Después, todos somos maestros y aprendices.

Mi maestra guardo silencio. Sonrió.

MINIDEAS PARA VALIENTES:

1. Cada mañana dedica 5 minutos en la cama. Siente las sábanas y estírate. Visualiza cómo quieres que sea tu día. Si hay una emoción negativa, cámbiala por positiva. Agradece a la vida, el gran día que te espera.

2. Sea cual sea la experiencia, agradece siempre ante cualquier circunstancia.

3. Cada noche, antes de dormir, cierra tu día. Deja los pensamientos a un lado. Perdona si es necesario. Agradece el día vivido. Pide al universo que te ayude a celebrar la felicidad de la vida del día siguiente.

    Si llega algún pensamiento, relájate y espera hasta que este pase.

4. Duerme.

Sara asumió su responsabilidad,
aprendió a confiar caminando
siempre hacia la felicidad:
su vida cambió.
Recuerda: "Esté lejos o esté cerca,
no te olvides que te quiero."
Gracias, gracias, gracias.

Con este manual habrás aprendido que todo problema ofrece una solución.

Está en el interior de cada uno.

Me gustaría que este libro circulara con el fin de ayudar a miles de personas ¿Me ayudas?

Nuestro Alma da luz a la oscuridad.

OFRECE A LOS DEMÁS:

Da alegría donde haya pena.

Perdona donde haya rencor.

Da humildad donde haya ego.

Ofrece sabiduría donde haya ignorancia.

Enciende la luz donde haya oscuridad.

Abraza al amor donde haya odio.

Arriesga al valor donde haya envidia.

Obtén perseverancia cuando haya miedo.

Empuja a la valentía donde haya vergüenza.

RECUERDA:

A la negatividad, destrúyela.

A tus miedos abrázalos, ponlos a meditar contigo.

A las dudas, siéntalas a reflexionar a tu lado.

A la esperanza dale la bienvenida.

La alegría y el entusiasmo, aprovéchalos.

Perdónate y perdona a los demás, siempre.

Elógiate. Controla tu ego.

Valora tu tiempo: mímate.

Analiza tus emociones.

Céntrate en lo que quieres obtener: ve a por ello.

Hazte baños de sal con sal marina, te ayudarán a limpiar tu aura.

Estira los brazos en forma de cruz cuando sople el viento, limpiará tu campo energético.

Toma el sol, tanto en invierno como en verano.

Come sano y bebe mucho agua.

Analiza tus sueños.

Sentirás. Oirás. Verás donde el resto no contempla. ¡NO TE ESTÁS VOLVIENDO LOCO!

"Escúchate", muchas veces, no es necesario preguntar.

Ámate.

Sonríe.

Confía.

Tu máxima responsabilidad eres:

TÚ Y TU VIDA
¡DISFRUTA Y SÉ FELIZ!!

Por favor, mándame la foto de tu "diploma de conquista personal" a: **isabelaznar888@gmail.com**

¡Estoy deseando verlo!

Si quieres, puedes añadir tu comentario contándome tu experiencia. ¡Estoy deseando leerlo!

Gracias, gracias, gracias,

Isabel Aznar.

YO

- ME PERDONO TODAS LAS CONDUCTAS QUE HAYAN FRENADO A MI PERSONA.
- ACEPTO Y ME DOY PERMISO PARA AMARME TODOS LOS DÍAS DE MI EXISTENCIA.
- REESTRUCTURO MI MENTE Y AÑADO EL PERDÓN EN MI VIDA.
- SANO TODAS LA HERIDAS EMOCIONALES PARA QUE MI ALMA REGALE Y RECIBA EL AMOR INCONDICIONAL.

- YO ELIJO:
  MI FELICIDAD EN MI VIDA, Y MI ELECCIÓN NO ES NEGOCIABLE

FIRMO MI DIPLOMA DE CONQUISTA PERSONAL:
GRACIAS, GRACIAS, GRACIAS.

Este libro se escribió para ayudar a las personas en su desarrollo personal. Conseguir la autoestima en sí mismas, para que sus deseos e ideales formen parte de la disciplina de su vida.

Me gustaría que me ayudaras a hacer circular este libro.

¿Te imaginas? Crear una rueda de favores: *DAR Y RECIBIR.* El impacto será agradecido por el Universo.

¿Cómo?

Leéte este libro tantas veces como necesites. Cambiamos constantemente. El aprendizaje será diferente.

Paga el precio de comprarlo. Te darás valor a ti, *regalándote.* Darás valor a los demás, *regalándoles.* La unión que se crea en la cadena de favores, es *dar y recibir.*

Regala este libro a aquellas personas valientes, como tú. Puede que estén en el mismo proceso que estuviste tú. Aquellas que no se conforman con la única opción como vida. Observan la vida como un abanico de posibilidades para auto-superarse.

Personas que apuestan por su desarrollo personal, crecer desde dentro hacia fuera. Serán aquellas personas que no se rendirán ante sus miedos. Resaltarán por sus conquistas.

Yo desde el otro lado, haré mi parte. Mándame tus fotos con tus libros comprados y regalados.

¿Recuerdas la ley de polaridad? Intentemos no traspasar los extremos. Trabajaré lo mismo que tú. Conseguiremos que más personas accedan al Mundo Mágico. La exactitud de las realidades exactas.

Ponte en contacto conmigo.

¡Cuéntame tus cambios!

¿Cómo localizarme?

1. Facebook: Isabel Aznar

2. Instagram: @Isabel_Aznar_

3. www.isabelaznar.com

4. e-mail: isabelaznar888@gmail.com

5. Linkedin: Isabel Aznar

¡Imagínate! Poder cambiar la estructura mental de cientos de personas. Con los ejemplos tan significativos, ¡como los que tú has trabajado, cuando apareció este libro en tu vida!

¡Eso sería tan maravilloso!

Conviértete en el ejemplo de todas aquellas personas cercanas a ti. Para que ellos se animen a vivir su cambio de experiencia.

¿Conoces algo más gratificante que eso?

Conocer que "EL AMOR ES EL CAMINO HACIA EL PERDON".

Gracias, gracias, gracias.

"Confía siempre en la Magia."

Isabel Aznar.

¿Te acuerdas que dejamos una historia para el final, querido lector?

En el "paso dos" te dije:

"A mi eso, me pasó durante algún tiempo… Lo reconozco, y te soy honesta. Antes irme a vivir a Londres, quise escribir un libro…

(Esta historia, la dejaremos para el final del libro, lector…)"

Ahora te la voy a contar:

Cuando era pequeña soñaba con escribir un libro. De hecho, escribía muchos cuentos.

Hay personas que se dedican a postergar sus sueños, como hacía yo.

Hoy admito que un sueño no se puede postergar. Al final, se vuelve a hacer presente.

Hace cinco años, comenzó mi desarrollo personal. Fui honesta conmigo misma. Decidí escuchar las voces adecuadas. Aquellas que te dan un mensaje diferente y hacen que sigas hacía delante.

Intenté varias veces escribir un libro, aunque mis dudas hacían que retrocediera una y otra vez. Mis miedos y mis creencias se interponían constantemente.

Nekane, quien escribe el prólogo, me animó a que escribiera un libro. Lo intenté. Y en las primeras páginas, se rompió mi ordenador. Perdí todo lo que había escrito. Cuando se lo conté, solo me dijo:

¡Vuelve a empezar! Lo postergué.

Después Sara me animó a escribir un libro. Al principio, no tenía suficiente confianza para hacerlo; hasta que decidí hacerlo.

Olvidé los "para después". Los reemplacé por hacerlo. Me reafirmé y lo hice.

Fue Laín, autor de "La voz de tu Alma", quién me ayudó a transformar el sueño en la realidad de mi vida.

Hoy he escrito cuatro libros.

Soy autora de la Trilogía Maribélula, que está llegando a un montón de personas. Puedes encontrar información el mi página web:

https://www.isabelaznar.com/testimonios

En Instagram: #MARIBELULA 🤍

He creado un grupo, que se llama "Maribélula Clan", donde las personas comparten su experiencia con la lectura de Maribélula.

También he hecho donaciones a dos fundaciones importantes.

Me sigo formando con personas éxitosas, para trabajar en mi, todos al máximo y que tú tengas unos resultados grandiosos.

Trabajo unas 16 horas diarias en mi sueño, para que llegue a millones de personas. Hago videos, los edito y los comparto con todos mis seguidores para que tengan más información. Actualizó mi blog constantemente. Y publico en las redes sociales todos los días.

Empecé vendiendo libros yo sola. Iba por la calle ofreciendo información sobre la Trilogía Maribélula. Entraba a cafeterías y se los mostraba al público.

Poco después, mis libros estaban en las grandes librerías más importantes de Madrid.

Fnac, Casa del Libro y El Corte Inglés.

No voy a negar que ha sido un gran esfuerzo, aunque siempre me acompañó la alegría. Hacer que todas las mañanas la Trilogía Maribélula llegará a más personas.

Confío en que ellas pueden cambiar su vida. Ser felices con lo que ellas elijan: amor, dinero salud…

Poder ver a las personas que cambian sus vidas. ¡Es una gran gratificación!

Me gustaría animarte: si tienes un sueño, busca a aquella persona que lo haya conseguido. Te enseñará a conseguir LAS metas que ella obtuvo.

La alegría y la gratificación serán inmensas.

Si yo lo conseguí, tu también lo harás.

Todos debemos descubrir aquellas ilusiones que, nos corresponden por experiencias de vida.

Durante este proceso, fue un aprendizaje y tuve dudas para llevarlo a cabo. Sin embargo, aprendí que la mente, puede hacer cualquier tipo de habilidad recurrente, para mantenerte en la zona de confort.

No sabía lo que era exactamente una transformación. Descubrí que la transformación es eliminar los pensamientos del pasado. Sustituirlos por pensamientos nuevos. Entonces, mi vida cambió.

Puedes encontrar más información de este proceso en la Trilogía "Maribélula".

Aprenderás a desarrollar tu máximo potencial. En la primera parte, "Maribélula", te ayudará a averiguar tu propia identidad. Cómo adaptar la espiritualidad y la ley de la atracción.

La segunda parte, "Mandálula", crearás tu sueño. La vida que siempre deseaste. Con el método adaptativo de las grandes estrellas. Transformarás tu vida.

La Tercera parte, "Sueñalula", será la adaptación de tu nueva vida transformada. Conseguir una comunicación plena con tu ser, para que tus objetivos estén a tu alcance.

He trabajado muy duro en este proceso, con un único deseo: que las personas cambien sus vidas y obtengan la felicidad que merecen.

¡Tú estás ya en el proceso!

Gracias de todo corazón.

Isabel Aznar.

MARIBÉLULA

Agradecimientos

Todos pasamos por momentos de incertidumbre. Todos recibimos experiencias que nos da la vida.

La tranquilidad y la aceptación, nos ayudarán a recordar que asumirlas, forman parte de la experiencia.

Los problemas se resuelven al aceptar que somos parte del problema. Asumimos, que toda realidad depende de la mente.

El conflicto se convierte en un desafío que hay que superar. Formas parte de esa experiencia. La vida se pondrá de tu lado, saldrá la parte más valiente que hay en ti: afrontándolo. Recordarás quién eres y por qué estás aquí.

Otras personas decidirán formar parte del problema, sin asumir las consecuencias.

Mi primer agradecimiento, a ti, querida persona que lees este libro. A mis seguidores de las redes sociales por dejarme sus comentarios.

Me gustaría nombrar a mis padres, Francisco y Carmen, por apoyarme en este proceso. A mi hermano Fran, por unirse a esta experiencia.

A mis tíos y al resto de familia, por acompañarme desde más lejos o más cerca.

A mis primas hermanas: Raquel y Sara, por enseñarme a llorar riendo y a crecer soñando.

A mis sobrinos, por recordarme todos los días, la fe de la niña interior que llevo dentro.

Mis amigos de la infancia y del colegio. Mis íntimas amigas y a mis íntimos amigos: ya sabéis quienes sois.

A mi segunda familia americana, que aunque estáis muy lejos, deseo volver a veros pronto.

A Oiane. Eva, Irene, Elena, Iratxe y Dulce por acompañarme en este proceso.

Corrección: Romeo Ediciones.

Mis compañeras, amigas, aliadas de maquillaje y de la televisión, con las que he trabajado directamente durante tantos años.

Rocío Jiménez y su escuela de maquillaje, Alegría Make- UP.

Ana Caridad, gracias por aparecer en el momento de más incertidumbre. Hoy te nombro en este proyecto del que un día hablamos. Al resto de mis compañeros de firmas cosméticas, gracias.

A mis compañeros, maestros y mentores que me han acompañado en mi proceso de "realización de sueños":

José Ramón Lobo.

Sonia Susana Fdez.

Mercedes Guzmán. Maestra de Reiki,

Raquel Rus.

A mis amigas de deporte y ocio: que me acompañaron en este proceso, enseñándome a esforzarme más cada día.

A Nekane González y Reparando Alas Rotas, por animarme a escribir y compartir este libro con su prólogo. Gracias Virginia Gonzalo.

A Susana Ollero y a su "Fundación Me Importas" para "los sin techo", por ayudarme con su prefacio.

A Sara, por compartir su ejemplo de crecimiento personal y autoconfianza con todos vosotros.

A Silvia Bezos, por su tiempo creativo en hacer estas ilustraciones dando imagen y color a estos textos.

A Laín, autor de La Voz de tu Alma, por aparecer en mi vida. Dar ilusión a mi sueño con sus formaciones. Sobretodo poder enseñarme un poquito más cada día: Convertir mi sueño realidad. Hoy, lo tienes entre tus manos.

Maena González, por su "empujón" para que confiara en publicar este libro.

A la Escuela Europea de Oratoria, por enseñarme a exponerme ante el miedo y lo más importante: poder controlarlo.

Una parte de la recaudación de este libro, será donada al estudio y ayuda la enfermedad ELA (Esclerosis Lateral Amiotrófica);

Fundación Luzón, unidos contra la ELA.

Otra parte irá donada para la "Fundación me importas" para ayudar a las personas sin hogar.

Eternamente agradecida;

PUEDES ENCONTRARME EN:

 @Isabel_Aznar_

 www.isabelaznar.com

 Facebook: Isabel Aznar.

 Youtube: Isabel Aznar.

 Isabel Aznar

www.ingramcontent.com/pod-product-compliance
Lightning Source LLC
Chambersburg PA
CBHW032127160426
43197CB00008B/546